suhrkamp taschenbuch 1134

George Bernard Shaw, geboren am 26. Juli 1856 in Dublin, ist am 2. November 1950 in Ayot St. Lawrence/Hertfordshire gestorben. 1926 wurde er mit dem Nobelpreis ausgezeichnet.
Zu den populärsten Stücken Bernard Shaws zählt die Komödie *Helden,* deren englischer Originaltitel *Arms and the Man* auf den Konflikt verweist, in den ein einzelner geraten kann, wenn Waffen und Krieg auf der Tagesordnung stehen.
1904 erlebte das Stück in Berlin seine deutsche Uraufführung und begründete Shaws Ruhm als Dramatiker. Schauplatz von *Helden* ist der Balkan, genauer der serbisch-bulgarische Krieg (1885) und eine von Patriotismus bis ins Unerträgliche, ja Lächerliche gesteigerte Kriegs- und Heldenverehrung, die ohne weiteres geographisch austauschbar wäre. Der eigentliche Held präsentiert sich aber in Gestalt eines Anti-Helden und überlebensklugen Praktikers mit jener Sorte von gesundem Menschenverstand, dem auch der brave Soldat Schwejk seine Beliebtheit verdankt.

Bernard Shaw
Helden

Deutsch von
Wolfgang Hildesheimer

Suhrkamp

Titel der Originalausgabe: *Arms and the Man.*
Erstmals erschienen in: Four pleasant plays,
London 1898.
Abbildung auf dem Umschlag: Shaw, *Helden.*
Deutsches Theater Berlin 1904.
Theatermuseum des Instituts für Theaterwissenschaft
der Universität Köln

suhrkamp taschenbuch 1134
Erste Auflage 1985

Druck: Nomos Verlagsgesellschaft, Baden-Baden
Printed in Germany
Umschlag nach Entwürfen von
Willy Fleckhaus und Rolf Staudt

1 2 3 4 5 6 – 90 89 88 87 86 85

Helden

Komödie in drei Akten

Personen:

PAWEL PETKOFF, ein bulgarischer Major
KATHARINA, seine Frau
RAINA (sprich Ra-ìna), ihre Tochter
SERGIUS SARANOFF (sprich Sarànoff), ein bulgarischer Major
BLUNTSCHLI, ein Hauptmann der serbischen Armee
LUKA, ein Zimmermädchen
NIKOLA, ein Diener
EIN RUSSISCHER OFFIZIER
EIN BULGARISCHER OFFIZIER

Erster Akt

Nacht. Das Schlafzimmer einer bulgarischen Dame in einer Kleinstadt nahe dem Dragonmanpaß, im späten November 1885. Durch die Balkontür schimmern, weiß und wunderbar im Sternenlicht, die schneebedeckten Gipfel des Balkangebirges, scheinbar nah, in Wirklichkeit kilometerweit entfernt. Die Einrichtung des Zimmers hat keinerlei Ähnlichkeit mit der eines westeuropäischen Zimmers. Zur Hälfte ist sie bulgarisch-üppig, zur anderen Hälfte wienerisch-preiswert. Eine kurze Diagonalwand schneidet die linke Ecke des Zimmers ab. An ihr das Kopfende eines Bettes. Darüber ein hölzerner Schrein, blau und gold bemalt, mit einem elfenbeinernen Christusbild. Über ihm hängt an drei Kettchen in einer ausgestanzten Metallkugel ein Licht. An der anderen Seite des Zimmers, der Balkontür gegenüber, steht die Hauptsitzgelegenheit: eine türkische Ottomane. Bettdecke, Bettbehänge, Bettvorleger, Gardinen sowie alle anderen Textilien im Raum sind von morgenländischer Pracht, die Tapeten dagegen sind dürftiges Abendland. An der Wand zwischen Balkontür und Ottomane steht ein Waschtisch: ein lackierter Eisenständer, darauf ein emailliertes Eisenbecken, darunter ein Eimer, daneben ein einziges Handtuch am Halter. Der Toilettentisch zwischen Bett und Fenster ist aus gewöhnlichem Tannenholz. Auf ihm liegt eine buntgemusterte Decke, darauf ein kostbarer Toilettenspiegel. Die Tür ist nah dem Bett, aber dazwischen zwängt sich eine Kommode, auch sie mit einem Tuch von balkanischer Farbigkeit bedeckt. Darüber verteilt sieht man einen Stoß papiergebundener Romane, eine Schachtel mit Pralinen und eine Miniatur-

staffelei mit der großen Fotografie eines extrem gutaussehenden Offiziers, dessen erhabene Pose und magnetischer Blick sich dem Betrachter selbst aus einem unvollkommenen Abbild mitteilen. Das Zimmer wird von zwei Kerzen erhellt, die eine steht auf der Kommode, die andere auf dem Toilettentisch. Neben dieser liegt eine Schachtel Zündhölzer.

Die beiden Flügel der Balkontür sind weit geöffnet, ebenso die beiden hölzernen Türläden draußen. Auf dem Balkon steht eine junge Dame, in den Anblick der Schneeberge versunken, im tiefen Genuß nächtlich-romantischen Zaubers befangen, sowie der Tatsache, daß sie selbst, jugendlich und schön, einen Teil dieses Zaubers darstellt. Zwar ist sie im Nachthemd, aber darüber trägt sie einen langen Pelzmantel, der, gering geschätzt, dreimal soviel wert ist wie die gesamte Zimmereinrichtung. Ihre Träumerei wird vom Eintritt ihrer Mutter unterbrochen: Katharina Petkoff ist eine Dame in den frühen Vierzigern, majestätisch-resolut, Augen und Haar sind von wunderbarem Schwarz. Sie wäre das Musterexemplar einer prachtvollen Bergbauersfrau, aber ihr Ehrgeiz geht auf Wiener Dame. Daher trägt sie zu jeder Gelegenheit, auch jetzt, ein modisches Cocktailkleid.

KATHARINA *betritt das Zimmer voller Eile und guter Nachricht:* Raina! Raina! *Sie geht zum Bett, in Erwartung, Raina dort zu finden.* Um Gottes willen –wo –?
Raina sieht ins Zimmer.
Da bist du ja, Kind! In der Nachtluft anstatt im Bett! Du wirst dir den Tod holen! Luka hat gesagt, du schläfst!

RAINA *träumerisch:* Ich habe sie fortgeschickt. Ich wollte allein sein. Die Sterne sind so herrlich. Was ist denn los?

KATHARINE Gute Nachricht! Eine Schlacht!

RAINA *mit weiten Augen:* Ah! *Sie geht gierig auf Katharina zu.*

KATHARINA Eine große Schlacht! Bei Livnitza. Ein Sieg. Und Sergius hat ihn erfochten!

RAINA *mit einem Freudenschrei:* Ah! *Sie umarmt ihre Mutter ekstatisch.* O Mami! *Dann plötzlich ängstlich.* Ist Papi in Sicherheit?

KATHARINA Natürlich. Von ihm habe ich ja die Nachricht. Sergius ist der Held des Tages, der Abgott des Regiments.

RAINA Erzähl! Erzähl! *In Ekstase.* O Mami, Mami, Mami! *Sie zieht ihre Mutter auf die Ottomane herab, sie küssen einander ekstatisch.*

KATHARINA *mitgerissen von ihrem Enthusiasmus:* Es muß großartig gewesen sein. Eine Kavallerie-Attacke! Stell dir das vor! Er ist unseren russischen Generälen zuvorgekommen, hat einfach, ohne Befehl, auf eigene Faust angegriffen, er selbst an der Spitze. Er war der erste Mann, der die feindliche Artillerie durchbrach. Stell dir vor, Raina, unsere tapferen wunderbaren Bulgaren, wie sie mit gezogenen Schwertern und blitzenden Augen auf diese elenden Serben herabstürmen und sie mitsamt ihren österreichischen Salon-Offizieren einfach wegfegen wie Späne. Und du – du konntest dich zur Verlobung nicht entschließen – du hast Sergius ein Jahr lang warten lassen! Wenn du auch nur einen Tropfen bulgarisches Blut in deinen Adern hast, wirst du ihn jetzt anbeten, wenn er zurückkommt.

RAINA Was wird ihm daran liegen, von mir armseligem Geschöpf angebetet zu werden? Jetzt hat ihm ja eine ganze Armee von Helden zugejubelt. Aber das ist auch nicht so wichtig. Ich bin so glücklich – und so stolz. *Sie steht auf und geht in Erregung auf und ab.* Jedenfalls beweist es, daß alle unsere Vorstellungen eben doch Wirklichkeit sind.

KATHARINA *indigniert:* Unsere Vorstellungen Wirklichkeit? Was meinst du damit?

RAINA Unsere Vorstellungen, was Sergius alles tun würde! Unser Patriotismus. Unsere Ideale. Ich habe nämlich manchmal gezweifelt, ob das nicht alles nur Träume sind. Mädchen sind eben doch nur zaghafte dumme Puppen. Als ich Sergius den Säbel angeschnallt habe, da sah er so herrlich aus. Es war Verrat von mir, zu denken, daß es vielleicht Enttäuschungen geben könnte oder daß überhaupt alles scheitern würde. Und doch – *Sie setzt sich plötzlich wieder hin.* Versprich mir, daß du ihm nichts erzählst!

KATHARINA Ich kann nichts versprechen, bevor ich nicht weiß, was ich verspreche.

RAINA Gerade als er mich in den Armen hielt und mir in die Augen sah, da fiel mir ein, daß wir unsere Vorstellungen von Heldentum nur daher haben, daß wir so gern Byron und Puschkin lesen und daß wir von der Bukarester Opernsaison so begeistert waren. Das wirkliche Leben ist eigentlich ganz anders. Zumindest, soweit ich es bisher kannte. *Mit Reue.* Denk dir, Mami, ich habe an ihm gezweifelt. Ich habe mich gefragt, ob es nicht mit seinem Heldentum und seiner Kriegsbegeisterung vorbei wäre, sobald es zu einer richtigen Schlacht käme. Ich hatte sogar Angst, daß er eine etwas klägliche Figur abgäbe, unter all diesen gescheiten Offizieren vom Zarenhof.

KATHARINA Eine klägliche Figur! Schäm dich! Die Serben

haben österreichische Offiziere, die sind genauso gescheit wie die Russen. Und trotzdem haben wir sie noch in jeder Schlacht geschlagen.

RAINA *lacht und schmiegt sich an ihre Mutter:* Ja, ich war eben nur ein prosaischer kleiner Feigling. Wenn ich jetzt denke, daß alles wahr gewesen ist! *Mit Pathos.* Daß Sergius wirklich so mutig und wunderbar ist, wie er aussieht! Daß die Welt eben ein herrlicher Platz ist für Frauen, die ihre Herrlichkeit sehen, und für Männer, die ihre großen Gefühle in die Tat umsetzen. Ein wunderbarer Gedanke! Eine unaussprechliche Erfüllung!

Sie werden durch den Eintritt Lukas unterbrochen. Sie ist ein schönes stolzes Mädchen in kleidsamer bulgarischer Bauerntracht mit Schürze. Ihr Benehmen ist voller Trotz, so daß ihre unterwürfige Haltung Raina gegenüber beinah unverschämt erscheint. Vor Katharina hat sie Angst, aber auch mit ihr geht sie so weit wie nur möglich.

LUKA Entschuldigen Sie, gnädige Frau, man soll alle Fenster schließen, und die Läden verriegeln. Man sagt, daß vielleicht in den Straßen geschossen wird.

Raina und Katharina stehen erschrocken auf.

Die Serben werden über den Paß zurückgejagt, und man meint, daß sie sich vielleicht in die Stadt flüchten könnten. Unsere Kavallerie setzt ihnen nach. Jetzt, wo sie wegrennen, wird man sie jedenfalls hier so empfangen, wie sie es verdienen. *Sie geht auf den Balkon, schließt die äußeren Läden und tritt zurück ins Zimmer.*

KATHARINA *sachlich, häuslich pflichtbewußt:* Ich muß sehen, daß unten alles verschlossen ist.

RAINA Ich wollte, unsere Leute wären nicht so grausam. Es gehört doch kein Mut dazu, fliehende Soldaten zu töten.

KATHARINA Grausam? Meinst du, d i e würden davor zurückschrecken, d i c h zu töten – oder sogar Schlimmeres mit dir zu tun?

RAINA *zu Luka:* Laß die Läden so, daß ich sie selbst schließen kann, wenn ich draußen irgend etwas höre.

KATHARINA *streng:* Nein, mein Kind. Die Läden müssen verriegelt sein. Du könntest einschlafen und sie offen lassen. Mach sie zu, Luka!

LUKA Ja, gnädige Frau. *Sie verriegelt die Läden.*

RAINA Du brauchst keine Angst zu haben. Sobald ich einen Schuß höre, mache ich das Licht aus, wickle mich in die Decken und verstopf mir die Ohren.

KATHARINA Das Klügste, was du tun kannst, mein Kind. Gute Nacht.

RAINA Gute Nacht. *Noch einmal kurz von ihren Gefühlen überwältigt.* Wünsch mir Glück, Mami!

Sie küssen einander.

Das ist die herrlichste Nacht meines Lebens. – Wenn nur diese armen Flüchtlinge nicht wären!

KATHARINA Geh zu Bett, mein Kind, und denk nicht daran. *Ab.*

LUKA *komplizenhaft, zu Raina:* Wenn Sie die Läden offen haben möchten, drücken Sie nur leicht hier – so. *Sie stößt, die Läden öffnen sich, Luka schließt sie wieder.* Den einen sollte man unten verriegeln, aber der Riegel ist abgebrochen.

RAINA *von oben herab, mißbilligend:* Danke, Luka. Aber wir müssen tun, was uns befohlen wird. *Luka schneidet ein Gesicht.* Gute Nacht.

LUKA *obenhin:* Gute Nacht.

RAINA *allein, wirft ihren Pelzmantel ab und ist im Nachthemd. Sie geht zur Kommode und versinkt in Anbetung vor dem Portrait. Aber sie küßt es nicht etwa, drückt es auch nicht an den Busen, noch demonstriert sie irgendeinen Ausdruck körperlicher Liebe. Vielmehr nimmt sie es in ihre Hände und hält es hoch, wie eine Priesterin. Dann betrachtet sie es eingehend:* Niemals wieder werde ich mich deiner unwürdig zeigen, Held meiner Seele – niemals – niemals – niemals. *Sie stellt es zurück wie eine Reliquie. Dann wählt sie einen Roman aus dem Bücherstoß. Verträumt blättert sie darin, findet ihre Seite, biegt das Buch zurecht. Seufzend vor Glück geht sie zu Bett, um sich in den Schlaf zu lesen. Aber bevor sie sich den Fiktionen überläßt, hebt sie nochmals ihre Augen, denkt an die gesegnete Wirklichkeit und murmelt.* Mein Held, mein Held!

Ein ferner Schuß bricht durch die nächtliche Stille. Raina schreckt auf. Zwei Schüsse folgen, schon näher. Erschrokken klettert sie aus dem Bett und bläst die Kerze auf der Kommode aus. Die Finger in den Ohren läuft sie zum Toilettentisch, bläst dort die Kerze aus, läuft im Dunklen zurück zum Bett, nur noch beleuchtet vom Licht in der Kugel vor dem Christusbild und dem Licht der Sterne, das durch die Spalten der Fensterläden dringt. Wieder fallen Schüsse, diesmal eine Salve, sehr nah. Noch bevor sie verklungen sind, öffnen sich die Fensterläden nach außen. Und im Sternenlicht erscheint der schwarze Umriß eines Mannes. Er zieht sofort die Fensterläden von innen wieder zu. Die Stille wird von seinem schweren Atem belebt. Ein Streichholz leuchtet auf, in der Mitte des Zimmers.

RAINA *kauert auf dem Bett:* Wer ist da?

Sofort erlischt das Streichholz.

Wer ist da? Wer sind Sie!?

STIMME EINES MANNES *im Dunkel, gedämpft, aber dro-*

hend: Pssst! Nicht rufen! Ich schieße! Ruhig bleiben! Dann geschieht Ihnen nichts.

Man hört, wie sie ihr Bett verläßt und sich zur Tür hintastet.

Weg da! Sie kommen hier nicht raus.

RAINA Aber wer – –?

DIE STIMME *warnend:* Wenn Sie schreien, geht mein Revolver los, merken Sie sich das! *Befehl.* Machen Sie Licht! Ich will Sie sehen! Verstanden?

Ein Moment Stille und Dunkelheit, während dessen sie zur Kommode geht. Sie zündet ein Licht an, und das Rätsel ist gelöst: ein Mann, etwa 35, in erbarmenswertem Zustand, bespritzt von Dreck, Blut und Schnee. Gürtel und Revolverriemen halten die zerfetzten Reste des blauen Waffenrockes eines serbischen Artillerie-Offiziers zusammen, verwahrlost, schmutzig, ungekämmt. Das Kerzenlicht beleuchtet einen Mann von mittelgroßer Statur und recht alltäglichem Aussehen: Nacken und Schultern kräftig, Kopf rund und eigenwillig, kurzes braunes gelocktes Haar, klare bewegliche Augen, Stirn und Mund gut. Die Nase geradezu hoffnungslos prosaisch wie die eines gut entwickelten Babys. Seine Haltung ist aufrecht, militärisch, seine Art resolut. Trotz seiner verzweifelten Lage disponiert er intelligent, er ist sogar fähig, sie mit Humor zu sehen, ist allerdings immer darauf bedacht, sein Leben nicht achtlos zu verspielen. Er überlegt, was er von Raina zu halten hat: Alter, soziale Stellung, Charakter, Grad ihrer Furcht. Dann spricht er weiter, höflich aber äußerst entschlossen.

Entschuldigen Sie die Störung. Gewiß erkennen Sie die Uniform. Serbisch. Wenn die mich kriegen, bin ich erledigt. *Drohend.* Verstehen Sie?

RAINA Ja.

DER MANN Gut. Nun möchte ich aber nach Möglichkeit gern am Leben bleiben. *Noch drohender.* Verstehen Sie das auch? *Er verschließt die Tür schnell und leise.*

RAINA *mit Verachtung:* In Ihrem Fall ja. *Sie richtet sich auf, sieht ihm ins Auge und sagt überheblich, mit schneidender Betonung.* Es soll ja tatsächlich Soldaten geben, die Angst vor dem Tod haben.

DER MANN *mit grimmigem Humor.* Alle, verehrtes Fräulein, alle, glauben Sie mir. Es ist unsere Pflicht, so lange zu leben, wie wir können. Wenn Sie also rufen – –

RAINA Dann schießen Sie mich tot. Woher wissen Sie, daß i c h Angst vor dem Tod habe?

DER MANN *schlau:* Und wenn ich Sie n i c h t erschieße, was dann? Ein paar Kerle Ihrer Kavallerie werden in dieses hübsche Kämmerlein stürzen und mich abschlachten wie ein Schwein. Ich würde nämlich kämpfen wie der Teufel. Mich werden die nicht auf die Straße bekommen, um sich da mit mir zu amüsieren. Ich kenne diese Burschen. Sind Sie bereit, die Herren zu empfangen, leicht bekleidet, wie Sie sind?

Raina wird sich plötzlich ihres Nachthemds bewußt, erschrickt und zieht es sich enger um den Hals. Er sieht ihr zu und sagt erbarmungslos.

Kaum der rechte Aufzug, wie?

Sie wendet sich zur Ottomane. Er hebt sofort den Revolver.

Halt!

Sie bleibt stehen.

Wo wollen Sie hin?

RAINA *geduldig würdevoll:* Meinen Mantel holen.

DER MANN *springt zur Ottomane, nimmt den Mantel:*

Gute Idee. Ich behalte den Mantel, und Sie passen auf, daß niemand kommt und Sie ohne Mantel sieht. Die Waffe ist besser als ein Revolver, was? *Er wirft die Pistole auf die Ottomane.*

RAINA *angewidert:* Das ist nicht die Waffe eines Gentleman!

DER MANN Immerhin gut genug für einen Mann, den nur eine Dame wie Sie vom Tod trennt.

Sie sehen einander einen Moment lang an, Raina kann kaum glauben, daß ein Offizier, selbst ein Serbe, so zynisch, so egoistisch und unritterlich sein kann. Draußen auf der Straße ertönt eine scharfe Gewehrsalve. Der Schauer unmittelbarer Todesgefahr macht seine Stimme heiser.

Hören Sie das? Wenn Sie dieses Gesindel hier auf mich loslassen möchten, dann treten Sie ihnen gefälligst so entgegen, wie Sie sind!

Tumult, Aufruhr. Die Verfolger draußen schlagen gegen die Haustür, sie rufen: Tür auf! – Öffnen! – Aufmachen! – *Die Stimme eines Dieners antwortet wütend:* Dieses Haus gehört Major Petkoff. Sie können hier nicht herein! *Aber der Aufruhr verstärkt sich, erneute Schläge gegen die Tür bewirken, daß eine Kette zurückgezogen wird. Man dringt brüllend in das Haus ein. Die Stimme Katharinas, sie wendet sich an einen Offizier:* Was soll das heißen! Wissen Sie überhaupt, wo Sie sind!! *Der Lärm hört auf.*

LUKA *draußen, klopft an die Schlafzimmertür:* Fräulein, Fräulein! Stehen Sie auf, öffnen Sie die Tür, schnell! Sonst bricht man sie auf!

DER MANN *deutet mit einer Geste an, daß alles verloren ist und steckt seine Einschüchterungstaktik auf. Resigniert und gutmütig sagt er:* Alles umsonst, mein Kind! Ich bin erledigt. *Er wirft ihr den Mantel hin.* Schnell. Ziehen Sie ihn an. Sie kommen.

RAINA Oh – vielen Dank! *Erlöst zieht sie den Mantel an.*

DER MANN *grimmig:* Oh –, bitte. Gern geschehen.

RAINA *ängstlich:* Und was wollen Sie tun?

DER MANN *entschlossen:* Der erste, der hereinkommt, wird es erfahren. Gehen Sie aus dem Weg. Und schauen Sie nicht hin. Es dauert zwar nicht lang, ist aber nicht hübsch. *Er zieht seinen Säbel und stellt sich in Erwartung vor die Tür.*

RAINA *impulsiv:* Ich helfe Ihnen. Ich rette Sie!

DER MANN Das können Sie nicht.

RAINA Doch. Ich verstecke Sie! *Sie zieht ihn zum Fenster.* Hier! Hinter dem Vorhang!

DER MANN *läßt sich ziehen:* Gut. Den Bruchteil einer Chance hätte ich. Wenn Sie den Kopf nicht verlieren.

RAINA *zieht den Vorhang vor ihm zu:* Pssst! *Sie geht zur Ottomane.*

DER MANN *steckt seinen Kopf heraus:* Denken Sie daran –!

RAINA *läuft zu ihm:* Ja?

DER MANN – von zehn Soldaten sind neun schwachsinnig.

RAINA *ärgerlich:* Ach – *Zieht den Vorhang vor ihm zu.*

DER MANN *steckt seinen Kopf an der anderen Seite heraus:* Wenn die mich finden, verspreche ich Ihnen eine Schlacht. Ein Glanzstück von einer Schlacht.

Raina jagt ihn zurück, er verschwindet. Sie legt den Mantel ab, wirft ihn auf das Fußende des Bettes, dann stellt sie sich schläfrig verstört und öffnet die Tür.

LUKA *tritt ein, erregt:* Einer dieser Serbischen Viecher ist an der Dachrinne entlang auf Ihren Balkon geklettert, man hat ihn gesehen. Unsere Leute wollen ihn suchen. Sie sind ganz außer sich vor Wut. Und betrunken sind sie auch. *Sie geht zum anderen Ende des Zimmers, um so weit wie möglich von der Tür entfernt zu sein.* Die gnädige Frau sagt, Sie sollen sich sofort anziehen und – *Plötzlich sieht sie den Revolver auf der Ottomane liegen und unterbricht sich, entsetzt.*

RAINA *scheinbar ärgerlich über die Störung:* Hier werden sie nicht suchen. Warum hat man sie überhaupt hereingelassen?

KATHARINA *stürzt ins Zimmer:* Kind, ist dir auch nichts passiert? Hast du jemanden gesehen oder etwas gehört?

RAINA Ich habe die Schießerei gehört. Aber die Leute werden doch nicht etwa wagen, hier hereinzukommen!

KATHARINA Ein russischer Offizier ist dabei, Gott sei Dank. Er kennt Sergius. *Spricht durch die Tür zu jemandem draußen.* Bitte kommen Sie herein, Herr Leutnant. Meine Tochter ist bereit.

Ein junger russischer Offizier in bulgarischer Uniform tritt ein, den Säbel in der Hand.

OFFIZIER *höflich, sanft und geschmeidig, aber in steifer militärischer Haltung:* Guten Abend, mein gnädiges Fräulein. Ich bedauere die Störung zutiefst, aber ein Serbe versteckt sich auf Ihrem Balkon. Darf ich Sie und Ihre Frau Mutter bitten, das Zimmer zu verlassen, während wir hier suchen?

RAINA *gereizt:* Unsinn. Sie können doch sehen, daß niemand auf dem Balkon ist. *Sie drückt die Holzläden auf, bleibt mit dem Rücken zum Vorhang stehen, hinter dem der Mann versteckt ist, und deutet auf den mondbeschienenen Balkon. Direkt darunter werden ein paar Schüsse abgegeben. Eine Kugel dringt in das Glas Raina gegenüber. Erschrocken schließt sie einen Augenblick die Augen und hält den Atem an, aber sie weicht nicht von der Stelle. Katharina schreit auf.*

OFFIZIER *ruft:* Vorsicht! *Er läuft auf den Balkon hinaus und brüllt hinunter auf die Straße.* Hört auf zu schießen, Ihr Schweinehunde – verstanden?! Aufhören! *Er starrt einen Augenblick lang hinunter auf die Straße, dann wendet er sich wieder höflich an Raina.* Könnte irgend jemand hier heraufgeklettert sein, ohne daß Sie es gemerkt hätten? Haben Sie geschlafen?

RAINA Ich war ja noch gar nicht im Bett.

OFFIZIER *ungehalten, tritt zurück ins Zimmer:* Ihre Nachbarn haben den Kopf voll mit davongelaufenen Serben. Sie sehen Gespenster. *Höflich.* Gnädiges Fräulein, ich bitte vielmals um Entschuldigung. Gute Nacht.

Militärische Verbeugung, Raina grüßt kühl zurück. Dann verbeugt er sich vor Katharina, die ihm folgt, beide ab. Raina schließt die Läden. Sie wendet sich um und blickt auf Luka, die alles mit Neugier mit angesehen hat.

RAINA Luka, lassen Sie meine Mutter nicht allein, bis diese Soldaten fort sind.

Luka sieht auf Raina, dann auf die Ottomane, dann auf den Vorhang. Sie grinst und geht. Raina, von dieser Demonstration höchst irritiert, folgt ihr zur Tür, schlägt sie hinter Luka zu und verschließt sie wütend. Sofort kommt der Mann hinter dem Vorhang hervor und steckt den Säbel in die Scheide. Der unmittelbaren Gefahr entledigt, kehrt er zur Tagesordnung zurück.

DER MANN Na, da bin ich noch mal davongekommen. Verehrtes Fräulein: bis zu meinem Tod werde ich Ihnen dankbar sein. Ihretwegen wünschte ich, ich wäre der bulgarischen Armee beigetreten, anstatt der serbischen. Ich bin nämlich gar kein Serbe.

RAINA *hochmütig:* Nein, Sie sind einer von diesen Österreichern. Sie haben die Serben angestachelt, uns unserer nationalen Freiheit zu berauben und beaufsichtigen ihre Armee. Wir hassen Sie.

DER MANN Ich Österreicher? Um Gottes willen! Hassen Sie mich nicht, mein Fräulein. Ich bin nämlich Schweizer, dazu Berufssoldat. Ich bin an die Serben geraten, weil sie auf dem Weg aus der Schweiz zuerst kamen. Seien Sie großherzig! Sie haben uns ja ohnehin schon kurz und klein geschlagen.

RAINA Ich bin doch schon großherzig gewesen, oder nicht?

DER MANN Großherzig und heroisch! Aber endgültig gerettet bin ich noch immer nicht. Dieser Hauptsturm ist zwar vorbei, aber die Wellen haben sich noch nicht gelegt. Die Nacht wird unruhig bleiben. Wenn eine Ruhepause eintritt, will ich versuchen, hier fortzukommen. *Freundlich.* Sie sind mir hoffentlich nicht böse, wenn ich noch einen Augenblick hierbleibe?

RAINA *gesellschaftlich gewandt:* Aber durchaus nicht. Nehmen Sie doch bitte Platz!

DER MANN Danke. *Er setzt sich auf das Fußende des Bettes. Mit einstudierter gesellschaftlicher Pose setzt sich Raina auf die Ottomane. Unseligerweise setzt sie sich auf die Pistole und fährt mit einem Schrei auf. Der Mann, dessen Nerven zum Zerreißen angespannt sind, schreckt auf und geht in Deckung.*

DER MANN Erschrecken Sie mich doch bitte nicht so! Was ist denn los?

RAINA Ihr Revolver! Da lag er die ganze Zeit und hat den russischen Offizier angesehen.

DER MANN *erlöst, aber irritiert:* Ach so. Wenn es weiter nichts ist –

RAINA *sieht ihn von oben herab an, ihre Sympathie für ihn nimmt immer mehr ab, und gleichzeitig wächst ihr Gefühl der Überlegenheit:* Ach so, ich habe Sie erschreckt. Das tut mir leid. *Sie gibt ihm die Pistole.* Bitte. Vielleicht brauchen Sie das zum Schutz gegen mich.

DER MANN *nimmt ihren Sarkasmus müde aber gefaßt hin:* Das Ding nützt leider nichts. Es ist nämlich nicht geladen. *Mit einer fatalistischen Gebärde stopft er die Waffe in die Revolvertasche.*

RAINA Aber dann laden Sie es doch.

DER MANN Ich habe keine Munition. Was soll man mit Patronen in einer Schlacht! Ich habe statt dessen immer Schokolade bei mir. Leider habe ich meine letzte Tafel vor ein paar Stunden aufgegessen.

RAINA *ihre heiligsten Vorstellungen von Männlichkeit brechen zusammen:* Schokolade! Sie stopfen Ihre Taschen voll mit Süßigkeiten! Wie ein Schuljunge! Auf dem Schlachtfeld!

DER MANN *grinst:* Genau. Unerhört, nicht wahr? *Hungrig.* Ich wollte, ich hätte jetzt welche.

RAINA Aber bitte! *Voller Verachtung holt sie die Pralinenschachtel und gibt sie ihm.* Leider habe ich das meiste selbst aufgegessen.

DER MANN *stürzt sich darauf:* Sie sind wirklich ein Engel. *Er macht sich daran und verschlingt den gesamten Inhalt.* Weiche Füllung! Wunderbar! *Er sieht nach, ob noch mehr in der Schachtel ist, aber es ist nichts mehr darin. Er kratzt sie daher mit dem Finger aus und leckt sich die Finger. Mit resigniertem Humor stellt er fest, daß die Mahlzeit vorbei ist, aber er ist dankbar und gerührt.* Gott segne Sie, mein liebes Fräulein. Einen alten Soldaten können Sie immer am Inhalt seiner Sattel- und Patronentaschen erkennen. Die Jungen haben Pistolen und Patronen drin. Die Alten haben was zum Fressen. Danke! *Er gibt ihr die leere Schachtel zurück. Voller Verachtung nimmt Raina ihm die Schachtel aus der Hand und wirft sie fort. Wieder schreckt er auf, als wolle sie ihn schlagen.* Um Gottes willen, Fräulein, Sie rächen sich dafür, daß ich Sie erschreckt habe, aber nett ist das nicht von Ihnen.

RAINA *mit Geringschätzung:* Erschreckt? Ich bin zwar nur ein Mädchen, aber wenn es darauf ankommt, bin ich bestimmt mindestens so mutig wie Sie!

DER MANN Davon bin ich überzeugt. Sie haben auch nicht drei Tage lang unter Beschuß gestanden wie ich. Zwei Tage lang halte ich es gut aus – aber drei – das schafft niemand. Ich bin nervös wie eine Maus. *Er setzt sich auf die Ottomane und stützt den Kopf in die Hände.* Möchten Sie mich weinen sehen?

RAINA *entsetzt:* Nein.

DER MANN Wenn Sie es wollen, brauchen Sie nur zu schimpfen, als sei ich ein kleiner Junge und Sie mein Kindermädchen. Wenn ich jetzt im Lager wäre, würde man allerhand Scherze mit mir treiben.

RAINA *ein wenig gerührt:* Es tut mir leid. Ich schimpfe ja nicht.

Berührt vom Mitleid in ihrer Stimme hebt er den Kopf und sieht sie dankbar an. Sie zieht sich sofort zurück und sagt steif.

Entschuldigen Sie! – Unsere Soldaten sind eben ganz anders. *Sie bewegt sich von der Ottomane weg.*

DER MANN Keineswegs. Die sind ganz genauso. Es gibt bloß zwei Arten von Soldaten: alte und junge. Ich bin seit vierzehn Jahren Soldat. Die Hälfte Ihrer Leute hat ja noch niemals Pulver gerochen. Wie kommt es denn, daß sie uns soeben besiegt haben? Durch völlige Unkenntnis des Kriegshandwerks. *Mit Verachtung.* Ich habe noch niemals etwas derart Stümperhaftes gesehen.

RAINA *ironisch:* Ach so – es war reine Stümperei, Sie zu besiegen?

DER MANN Sagen Sie selbst: man wirft ein Kavallerie-Regiment in eine Batterie von Maschinengewehren. Wenn die Dinger losgehen, dann werden doch fünfzig Meter vor der Schußlinie Reiter und Pferde einfach nur so weggemäht. Ist das dilettantisch oder nicht? Ich habe meinen Augen kaum getraut, als ich diesen Irrsinn sah.

RAINA *erregt, wendet sich ihm zu. Ihr Enthusiasmus und ihr Traum von Ruhm sind wieder wach:* Ah – Sie haben die große Kavallerie-Attacke gesehen?! Erzählen Sie mir davon! Beschreiben Sie, wie es war!

DER MANN Ach so, Sie haben noch nie eine Kavallerie-Attacke gesehen?

RAINA Ich? Wie sollte ich?

DER MANN Natürlich. Wie sollten Sie! Na ja, es ist ein komischer Anblick. Als ob man eine Handvoll Erbsen gegen eine Fensterscheibe schleudert. Erst kommt eine, dann zwei oder drei direkt danach, und dann der ganze Rest auf einem Haufen.

RAINA *ihre Augen geweitet, in Ekstase:* Ja. Zuerst einer! Der Tapferste der Tapferen.

DER MANN *prosaisch:* Na ja – Sie hätten sehen sollen, wie der arme Kerl an seinem Pferd zog!

RAINA Warum an seinem Pferd zog?

DER MANN *ungehalten über die dumme Frage:* Na, weil es mit ihm durchging, natürlich. Meinen Sie etwa, der Kerl wollte vor den anderen da sein, um sich totschießen zu lassen? Und dann kommen alle die anderen. Die Jungen kann man sofort an ihrem Eifer erkennen, das sind die Draufgänger. Dann kommen die Alten in einem geschlossenen Haufen. Die wissen, daß sie nur Kanonenfutter sind, und daß es sinnlos ist, zu kämpfen. Die meisten Wunden waren denn auch Beinbrüche, weil die Pferde dauernd gegeneinander geprallt sind.

RAINA Aber ich glaube Ihnen nicht, daß der erste Mann ein Feigling war. Ich weiß, daß er ein Held ist.

DER MANN *gutmütig:* Das hätten Sie wohl auch gesagt, wenn Sie den heute beim Angriff gesehen hätten.

RAINA *atemlos, sie verzeiht ihm alles:* Das kann ich mir vorstellen. Erzählen Sie! Erzählen Sie mir alles!

DER MANN Er führte sich auf wie ein Operntenor. Übrigens wirklich ein hübscher Junge, mit leuchtenden Augen und einem tollen Schnurrbart. Er stieß ein Gebrüll aus und stürmte drauf los wie Don Quichote gegen die Windmühlen. Was wir gelacht haben!

RAINA Sie haben gewagt zu lachen?

DER MANN Und wie! Aber dann kam unser Feldwebel angerannt, weiß wie ein Gespenst, und sagte, wir hätten die falsche Munition und könnten für die nächsten zehn Minuten keinen einzigen Schuß abgeben. Da ist uns natürlich das Lachen vergangen. Niemals in meinem ganzen Leben war mir so elend zumut. Obwohl ich doch weiß Gott schon in mancher vertrackten Situation gewesen bin. Und ich hatte keinen einzigen Schuß im Revolver. Nur Schokolade. Bajonette hatten wir auch nicht. Wir hatten nichts. Natürlich haben die uns in Stücke geschnitten. Und da war dieser Don Quichote. Der stürmte heran wie ein Tambourmajor und meinte, er hätte die größte Heldentat der Welt vollbracht. Dabei gehörte er eigentlich vor ein Kriegsgericht. Von all den Schwachsinnigen, die man jemals auf ein Schlachtfeld losgelassen hat, war dieser Mann der schwachsinnigste. Er und sein Regiment hätten einfach Selbstmord verübt. Nur ging unser Feuer eben nicht los, das ist es.

RAINA *tief getroffen, aber standhaft und ihren Idealen treu:* Was Sie nicht sagen! Und würden Sie den Mann auch wiedererkennen, wenn Sie ihn sähen?

DER MANN Als könnte ich den jemals vergessen!

RAINA *geht zur Kommode. Sein Blick folgt ihr, er denkt, sie hätte etwas zu essen für ihn. Aber sie nimmt die Fotografie von der Kommode und bringt sie ihm:* Hier sehen Sie den Mann. Er ist ein Patriot und ein Held, und ich habe das Glück, mit ihm verlobt zu sein.

DER MANN *erkennt die Fotografie, sehr bestürzt:* Also – das tut mir wirklich entsetzlich leid. *Sieht sie an.* Aber es war auch nicht recht von Ihnen, mich zu provozieren. *Er besieht die Fotografie nochmals.* Ja, das ist er, Don Quichote, kein Zweifel! *Er verbeißt sich das Lachen.*

RAINA *rasch:* Worüber lachen Sie!

DER MANN *zerknirscht, aber verbeißt sein Lachen nur mühsam:* Ich habe gar nicht gelacht, – wirklich nicht. Zumindest habe ich nicht lachen wollen. Aber wenn ich ihn so sehe, wie er gegen die Windmühlen stürmt – *Er muß wider Willen lachen.*

RAINA *tief verletzt:* Geben Sie mir sofort das Bild!

DER MANN *mit tiefer Zerknirschung:* Gewiß. Natürlich. Es tut mir wirklich aufrichtig leid.

Er gibt ihr das Bild. Sie küßt das Bild demonstrativ und sieht ihm, während sie es zurückstellt, herausfordernd ins Gesicht. In einem Aufwall von Reue folgt er ihr.

Vielleicht irre ich mich auch. Ja wirklich, ich glaube tatsächlich, ich sehe das alles falsch. Wahrscheinlich hatte er gehört, daß wir keine Munition hatten, und wußte, daß es eine sichere Sache war.

RAINA Das würde bedeuten, daß er ein Aufschneider und Feigling wäre. So etwas haben Sie vorhin nicht zu sagen gewagt.

DER MANN *mit einer Geste der Resignation:* Es hat keinen Zweck, verehrtes Fräulein: ich kann Ihnen anscheinend die Sache, vom beruflichen Standpunkt aus, nicht klarmachen.

Als er sich von ihr ab und der Ottomane zuwendet, künden ein paar entfernte Schüsse neue Gefahren an.

RAINA *stellt mit Genugtuung fest, daß ihn die Schüsse beunruhigen:* Um so besser für Sie.

DER MANN *wendet sich ihr zu:* Wieso?

RAINA Sie sind mein Feind. Und Sie sind in meiner Gewalt. Was hätte ich jetzt zu tun, wenn ich ein Berufssoldat wäre?

DER MANN Sehr wahr, mein Fräulein. Sie haben völlig recht. Ich weiß, wie gut Sie zu mir waren. Bis zu meiner letzten Stunde werde ich mich der drei Pralinen erinnern, mit weicher Füllung. Es war gewiß unmilitärisch, dafür war es eine Tat der Barmherzigkeit.

RAINA *kühl:* Danke. Und jetzt werde ich militärisch handeln. Hier können Sie nicht bleiben, nach alledem was Sie über meinen zukünftigen Mann gesagt haben. Aber ich werde auf den Balkon hinausgehen und nachsehen, ob es sicher für Sie ist, auf die Straße hinabzuklettern.

DER MANN *seine Fassung wankt:* Das Regenrohr hinab? Halt! Nein. Unmöglich. Das wage ich nicht. Schon der Gedanke daran macht mich ganz schwindlig. Hinauf ging es gut und schnell, der Tod war hinter mir her. Aber jetzt wieder zum Tod hinunterklettern – nein – *Er sinkt auf die Ottomane.* Es hat keinen Sinn mehr. Ich stecke auf, ich bin verloren. Schlagen Sie meinetwegen Alarm. *Besiegt stützt er den Kopf in die Hände.*

RAINA *von Mitleid entwaffnet:* Also, verlieren Sie doch nicht gleich den Mut! *Sie neigt sich über ihn, beinah mütterlich. Er schüttelt den Kopf.*

Sie sind ein ganz armer Soldat, ein Schokoladensoldat. Nehmen Sie sich jetzt mal zusammen. Es erfordert weniger Mut, da hinabzuklettern als sich gefangennehmen zu lassen. Meinen Sie nicht?

DER MANN *träumerisch, von ihrer Stimme eingeschläfert:* Nein. Wenn die mich kriegen, bedeutet das Tod. Und Tod bedeutet Schlaf – ah – schlafen – schlafen – schlafen – Klettern bedeutet: etwas tun – sich anstrengen – sich entscheiden. Lieber zehnmal tot!

RAINA *weicher und von seinem schläfrigen Ton angesteckt:* Sind Sie wirklich so müde?

DER MANN Keine zwei Stunden habe ich bis jetzt ungestört schlafen können, seit ich hier dabei bin. Seit achtundvierzig Stunden habe ich die Augen nicht mehr zugemacht.

RAINA *am Ende ihrer Weisheit:* Aber was soll ich denn bloß mit Ihnen tun?

DER MANN *steht taumelnd auf, seine Verzweiflung bringt ihn wieder hoch:* Ganz recht. Ich muß etwas unternehmen. *Er schüttelt sich, versucht sich zu fassen und spricht mit forcierter Energie.* Schlaf oder nicht, Hunger oder nicht, – wenn etwas getan werden muß, dann kann man es auch tun! Und jetzt muß eben dieses Rohr heruntergeklettert werden! *Er schlägt sich mit der Faust auf die Brust.* Hörst du das, du Schokoladensoldat!? *Er wendet sich zur Balkontür.*

RAINA *ängstlich:* Aber wenn Sie herunterfallen?

DER MANN Dann werde ich schlafen, als seien die Pflastersteine ein Federbett. Leben Sie wohl! *Er geht durch die Balkontür, und seine Hand ist schon an dem Verschluß der Läden, als draußen eine neue Gewehrsalve ertönt.*

RAINA *hält ihn zurück:* Halt! *Sie hält ihn fest und zieht ihn zurück.* Man wird Sie totschießen.

DER MANN *kühl und gefaßt:* Na wenn schon – das gehört alles zum Beruf. Darauf muß man es eben ankommen lassen. *Sachlich.* Jetzt tun Sie, was ich Ihnen sage! Machen Sie das Licht aus. Es muß dunkel sein, wenn ich die Läden öffne. Und bleiben Sie vor allem von der Balkontür weg, verstanden? Wenn die mich sehen, dann schießen sie.

RAINA *hält ihn fest:* Aber die m ü s s e n Sie ja sehen, es ist ja alles ganz hell vom Mond. Ich rette Sie! Seien Sie doch nicht so – so – fatalistisch! Sie wollen doch, daß ich Sie rette, oder nicht?

DER MANN Ich will Ihnen auf keinen Fall lästig sein.

Sie schüttelt ihn ungeduldig.

Ich bin gewiß nicht fatalistisch, mein liebes Fräulein, ich versichere Sie. Aber was soll ich denn sonst tun?

RAINA Erst mal von der Tür weggehen!

Sie zieht ihn in die Mitte des Zimmers. Als sie ihn losläßt, geht er mechanisch zur Balkontür zurück. Sie zieht ihn zurück.

Also jetzt – bitte!

Jetzt bleibt er bewegungslos stehen, wie ein hypnotisiertes Kaninchen. Sie läßt ihn los und sagt gönnerhaft.

Jetzt hören Sie mal zu! Sie müssen unserer Gastfreundschaft vertrauen. Sie wissen nämlich nicht, in wessen Haus Sie sind. Ich bin eine Petkoff.

DER MANN Eine was?

RAINA *ein wenig indigniert:* Ich gehöre zur Familie der

Petkoff, der reichsten und angesehensten im ganzen Land.

DER MANN Ach so, natürlich. Verzeihen Sie. Die Petkoffs, ich weiß schon. Wie dumm von mir.

RAINA Ich sehe Ihnen an, daß Sie noch nie von uns gehört haben. Warum tun Sie so? Sie erniedrigen sich!

DER MANN Bitte verzeihen Sie mir! Ich bin zu müde, um nachzudenken. Der Themawechsel war zu viel für mich. Seien Sie mir nicht böse!

RAINA Ach so, ich vergesse immer, daß Sie den Tränen so nah sind.

Er nickt, völlig ernsthaft. Sie nimmt ihren patronisierenden Ton wieder auf.

Aber Sie sollten doch wissen, daß mein Vater den höchsten Posten in der bulgarischen Armee hat. *Stolz.* Er ist Major!

DER MANN *als sei er zutiefst beeindruckt:* Major! Donnerwetter. Respekt – Respekt!

RAINA Sie haben natürlich gedacht, Sie müßten die Regenrinne heraufklettern. Unser Haus ist ja das einzige Privathaus mit zwei Fensterreihen. Da sieht man, daß Sie keine Ahnung hatten. Wir haben eine Treppe im Haus, auf der man herauf und herunter gehen kann.

DER MANN Eine Treppe im – – Alle Achtung! Mein Fräulein, Sie leben im Überfluß.

RAINA Wissen Sie, was eine Bibliothek ist?

DER MANN Eine Bibliothek? Ein Zimmer voller Bücher?

RAINA Ja. Wir haben eine. Die einzige in Bulgarien.

DER MANN Tatsächlich eine richtige Bibliothek! Die würde ich gern mal sehen.

RAINA *geziert:* Ich erzähle Ihnen das alles nur, damit Sie wissen, daß Sie hier nicht in einem Haus von ungebildeten Bauern sind. Die würden Sie töten, wenn sie Ihre serbische Uniform sähen. Sie sind bei zivilisierten Leuten. Wir gehen jedes Jahr nach Bukarest zur Opernsaison. Und ich bin einen ganzen Monat in Wien gewesen.

DER MANN Aha, deshalb! Ich dachte mir sofort: diese junge Dame kennt die Welt.

RAINA Kennen Sie die Oper ›Ernani‹?

DER MANN Ist das die mit dem Teufel in rotem Samt und dem Soldatenchor?

RAINA *mit Verachtung:* Nein.

DER MANN *unterdrückt einen Seufzer der Müdigkeit:* Dann kenne ich sie nicht.

RAINA Ich dachte, Sie könnten sich vielleicht an die große Szene erinnern, in der Ernani vor seinen Feinden flieht, so wie Sie heute nacht, und dann versteckt er sich im Schloß seines bittersten Feindes. Das ist ein kastilischer Edelmann. Und der Schloßherr findet ihn, aber der verrät ihn nicht. Der Gast ist ihm heilig.

DER MANN *wieder ein wenig wacher:* Neigt Ihre Familie zu dieser Haltung?

RAINA Meine Mutter und ich ›neigen zu dieser Haltung‹, wie Sie sich ausdrücken. Und wenn Sie sich mir, anstatt mich mit Ihrer Pistole zu bedrohen, einfach zu Füßen geworfen und unsere Gastfreundschaft erfleht hätten, dann wären Sie hier so sicher gewesen wie im Haus Ihres Vaters.

DER MANN Sind Sie sicher?

RAINA *wendet ihm entrüstet den Rücken zu:* Ach, es ist völlig sinnlos! Von I h n e n kann man absolut kein Verständnis erwarten.

DER MANN Bitte seien Sie mir doch nicht immer gleich böse. Denn wenn Sie sich irren, wäre ich schlecht daran, das werden Sie doch verstehen. Mein Vater zum Beispiel ist ein sehr gastfreundlicher Mann, er besitzt sechs Hotels. Aber so weit würde ich dem nicht trauen. Und wie ist es mit Ihrem Vater?

RAINA Er ist fort, bei Slivnitza, er kämpft für sein Vaterland. Aber ich bürge für Ihre Sicherheit. Hier, meine Hand darauf. Sind Sie jetzt beruhigt? *Sie bietet ihm ihre Hand.*

DER MANN *sieht zweifelnd auf seine Hände:* Berühren Sie lieber meine Hand nicht, verehrtes Fräulein. Ich muß sie erst waschen.

RAINA *gerührt:* Das ist sehr nett von Ihnen. Jetzt sehe ich, Sie sind doch ein Gentleman.

DER MANN *erstaunt:* Wie?

RAINA Sie müssen nicht denken, daß ich erstaunt bin. Die Bulgaren der höheren Kreise – Leute in unserer – Stellung – waschen ihre Hände beinah jeden Tag. Daher verstehe ich Ihr Zartgefühl gut. Aber Sie dürfen meine Hand nehmen. *Sie reicht ihm nochmals die Hand.*

DER MANN *küßt die Hand mit seinen Händen auf dem Rücken:* Ich danke Ihnen, verehrtes Fräulein. Jetzt fühle ich mich geborgen. Würden Sie nun so gut sein und Ihre Mutter benachrichtigen? Sie sollten meine Gegenwart nicht länger geheimhalten als unbedingt nötig ist.

RAINA Aber dann müssen Sie sich ganz ruhig verhalten, während ich draußen bin.

DER MANN Verlassen Sie sich darauf. *Er setzt sich auf die Ottomane.*

Raina geht zum Bett und hüllt sich in ihren Pelzmantel. Er schließt die Augen. Sie geht zur Tür, wendet sich noch einmal nach ihm um und stellt fest, daß er am Einschlafen ist.

RAINA *bei der Tür:* Sie werden doch nicht etwa einschlafen!

Er murmelt unartikuliert, sie rennt zu ihm zurück und schüttelt ihn.

Wachen Sie auf! Sie schlafen ja schon!

DER MANN Wie? Ich schlafe schon – Aber ganz im Gegenteil, ich bin hellwach. Ich habe nur nachgedacht.

RAINA *streng:* Möchten Sie sich bitte hinstellen, während ich draußen bin!

Er steht unwillig auf.

Und jetzt bleiben Sie stehen, verstanden?

DER MANN *steht unsicher:* Gewiß. Sie können ganz beruhigt sein!

Raina sieht ihn zweifelnd an. Er lächelt schwach. Sie geht zur Tür, sieht ihn noch einmal an, er unterdrückt sein Gähnen. Sie geht ab.

DER MANN *beinah schlafend:* Schlafen – schlafen – schlafen – schla –

Die Worte gehen in Murmeln über. Er fällt beinah um, versucht noch einmal, sich aufzuraffen.

Wo bin ich? Das möchte ich gern wissen. Wo bin ich? Jetzt wach bleiben! Nichts hält mich wach außer Gefahr – immer daran denken – Gefahr! – Gefahr! – Gefahr! – *Rafft sich noch einmal auf.*

Wo ist eigentlich die Gefahr? – Muß sie finden – *Er torkelt durch den Raum auf der Suche nach Gefahr.* Was suche ich eigentlich? – Schlaf – Gefahr – weiß nicht – *Er stolpert gegen das Bett.*

Ah – ja – ich erinnere mich – ins Bett – aber nicht schlafen. Nicht einschlafen – ich bin in Gefahr. Nicht hinlegen – nein – nur hinsetzen. *Er setzt sich auf das Bett, ein glückseliger Ausdruck breitet sich über sein Gesicht aus.* Aaahh! *Mit einem Seufzer des Glücks sinkt er längs auf das Bett, hebt mit einer letzten Anstrengung die Beine auf das Bett und schläft sofort ein.*

Katharina tritt auf, gefolgt von Raina.

RAINA *sieht zur Ottomane:* Er ist weg. Hier stand er.

KATHARINA Dann muß er wohl wieder heruntergeklettert sein.

RAINA *sieht ihn:* Oooh! *Deutet auf ihn.*

KATHARINA *empört:* Nein! *Sie schreitet resolut zum Bett, Raina ihr nach, stellt sich an der anderen Seite auf.* Schläft fest! Dieser Unmensch!

RAINA *besorgt:* Ssss!

KATHARINA *schüttelt ihn:* Sie Kerl!! *Schüttelt ihn fester.* Sie! *Noch fester.* Mein Herr!

RAINA *hält ihr den Arm fest:* Laß ihn, Mama! Der arme Junge ist doch völlig erschöpft. Laß ihn schlafen!

KATHARINA *läßt von ihm ab und wendet sich höchst überrascht an Raina:* Der arme Junge!? Aber Raina!

Sie sieht ihre Tochter befremdet an.

Der Mann schläft tief und fest.

Zweiter Akt

Der sechste März 1886. Im Garten hinter dem Haus des Majors Petkoff. Ein schöner Frühjahrsmorgen, der Garten sieht frisch und ordentlich aus. Jenseits des Zaunes sieht man die Spitzen zweier Minarette, die andeuten, daß im Tal eine kleine Stadt liegt. Dahinter erheben sich die Höhen des Balkangebirges und schließen die Landschaft ab. Links sieht man einen Teil des Hauses mit einer Tür, zu der ein paar Stufen führen, rechts ragt der Stallhof mit einem Tor in den Garten. Auf den Beerensträuchern an Zaun und Haus liegt Wäsche zum Trocknen ausgebreitet. Ein Weg führt am Haus vorbei, bildet an der Mauer zwei Stufen und verschwindet dahinter. In der Mitte ein kleiner Tisch mit Holzstühlen. Er ist zum Frühstück gedeckt: ein türkischer Kaffeetopf, Tassen, Brötchen etc. Die Tassen sind schon benutzt, die Brötchen zum Teil gegessen. An der Mauer rechts eine hölzerne Gartenbank.

Luka steht, eine Zigarette rauchend, zwischen Tisch und Haus und dreht voller Verachtung einem Mann den Rükken zu, der ihr Vorhaltungen macht. Er ist in mittlerem Alter, beherrscht, und auf subalterne, aber klare und disponierende Weise intelligent. Er hat die Mentalität eines Dieners, der aber seinen Rang einzuschätzen, seinen Wert genau zu kalkulieren weiß und sich keinen Illusionen hingibt. Er trägt bulgarische Tracht: Jacke mit bunter Borte, Schärpe, weite Pumphosen und verzierte Gamaschen. Sein Kopf ist bis zum Scheitel glattrasiert, was ihm eine Art japanische hohe Stirn gibt. Er heißt Nikola.

NIKOLA Ich möchte dich rechtzeitig warnen, Luka. Du mußt es anders machen. Ich kenne doch unsere Gnädige. Sie hält sich für so großartig, daß sie niemals auf die Idee käme, ein Diener könnte ihr gegenüber respektlos sein. Aber wenn sie mal merkt, daß du nicht gehorchst, dann fliegst du.

LUKA Ich gehorche nicht, und ich werde niemals gehorchen. Was geht mich die an!

NIKOLA Wenn du mit der Familie Krach bekommst, kann ich dich nicht heiraten. Das ist genauso, als wenn du mit mir Krach bekämst.

LUKA Ah – du stehst also auf ihrer Seite.

NIKOLA *gelassen:* Ich werde immer vom Wohlwollen der Familie abhängig sein. Wenn ich hier weggehe und ein Geschäft in Sofia aufmache, bedeutet ihre Kundschaft die Hälfte meines Kapitals. Ein schlechtes Wort von ihnen könnte mich ruinieren.

LUKA Du hast eben keinen Stolz. Die sollten sich mal unterstehen, ein Wort gegen m i c h zu sagen.

NIKOLA *redet ihr nachsichtig zu:* Ich hätte dich für gescheiter gehalten, Luka. Aber du bist noch jung – einfach noch sehr jung.

LUKA Ja, und deshalb gefalle ich dir ja auch. Aber jung oder nicht: ich weiß ein paar Familiengeheimnisse, die sie ganz gewiß lieber geheimhalten würden. Die soll es mal wagen, Krach mit mir zu bekommen.

NIKOLA *mitleidig überlegen:* Weißt du, was sie tun würden, wenn sie dich so reden hörten?

LUKA Was könnten sie tun?

NIKOLA Dich wegen Unehrlichkeit davonjagen. Und wer würde dir dann deine Geheimnisse glauben? Und wer nimmt dich dann noch ins Haus? Wer in diesem Haus würde dann überhaupt noch mit dir sprechen? Wie lange würde dein Vater seinen kleinen Bauernhof behalten? *Sie wirft wütend ihre Zigarette weg und tritt darauf.* Mein liebes Kind: du hast ja keine Ahnung, was diese Herren für eine Macht über uns haben, wenn wir arme Leute uns gegen sie auflehnen. *Er geht nahe zu ihr hin und spricht leise.* Sieh mich an: zehn Jahre im Dienst bei denen. Meinst du, ich weiß keine Geheimnisse? Ich weiß Dinge über unsere Dame, – ich sage dir: weit über tausend Lewa würde sie geben, damit der Herr sie nicht erfährt. Ich weiß Dinge über ihn – sechs Monate gäbe es keine Ruhe, wenn ich sie ihr sagen würde. Ich weiß Dinge über Raina, die würden die Verlobung mit Sergius sofort auflösen, wenn ich...

LUKA *rasch und scharf:* Woher? – Ich habe dir doch nichts gesagt.

NIKOLA *gerissen:* Aaah – da liegt dein kleines Geheimnis, wie? Ich dachte mir doch: so etwas wird es sein. Aber ich rate dir im Guten: laß dir nichts anmerken! Laß die Gnädige fühlen, daß sie sich auf dich verlassen kann, was immer du auch weißt oder nicht weißt. Daß du den Mund hältst und immer treu weiter dienen willst. Das mögen sie, und das zahlt sich am Ende für dich aus.

LUKA *mit tiefster Verachtung:* Du hast eine Lakaienseele, Nikola.

NIKOLA *unbeirrt:* Richtig. Das ist das Geheimnis des Erfolges bei Dienern.

Man hört vom Stalltor her lautes Klopfen mit dem Peitschenkopf aus Holz.

EINE MÄNNLICHE STIMME *von außen:* Hallo! He, Nikola!

LUKA Der Herr. Aus dem Krieg zurück.

NIKOLA *schnell:* Mensch, du, der Krieg ist aus. Schnell, mach frischen Kaffee! *Er läuft hinüber zu den Ställen.*

LUKA *räumt das Geschirr ab und trägt es ins Haus zurück:* Aus mir machst du keine Lakaienseele, mein Lieber.

Gefolgt von Nikola kommt Major Petkoff vom Stallhof herüber. Er ist ein lustiger, temperamentvoller, unbedeutender, ungebildeter Mann, etwa 50, von Natur aus ehrgeizlos, außer was Geld und lokales Ansehen betrifft. Im Augenblick ist er in bester Stimmung, weil der Krieg ihm neuen Rang beschert hat, der aus ihm in seinem Kreis einen Mann von Bedeutung machen wird. Das Fieber patriotischen Eifers, das der serbische Angriff in den Bulgaren ausgelöst hat, hat ihn den Krieg gut überstehen lassen. Jedenfalls freut er sich, wieder zu Hause zu sein.

PETKOFF *deutet mit der Peitsche auf den Tisch:* Ah – Frühstück im Freien!

NIKOLA Ja, gnädiger Herr. Die gnädige Frau und Fräulein Raina sind soeben hineingegangen.

PETKOFF *setzt sich und nimmt ein Brötchen:* Geh hinein und sag ihnen, ich sei da. Und hol mir frischen Kaffee.

NIKOLA Schon unterwegs, gnädiger Herr.

Er geht zur Haustür, dort stößt er auf Luka, mit frischem Kaffee, einer sauberen Tasse und einer Kognakflasche auf dem Tablett.

Hast du es der gnädigen Frau gesagt?

LUKA Ja, sie kommt schon.

Nikola geht ins Haus. Luka bringt den Kaffee.

PETKOFF Na – die Serben haben dich also nicht geraubt?

LUKA Nein, gnädiger Herr.

PETKOFF Um so besser. Hast du Kognak mitgebracht?

LUKA *stellt die Flasche auf den Tisch:* Hier, gnädiger Herr.

PETKOFF Na wunderbar! *Gießt sich Kognak in den Kaffee.*

Katharina kommt aus dem Haus. Zu dieser frühen Stunde hat sie nur sehr provisorisch Toilette gemacht. Über einem ehemals pompösen, aber inzwischen fadenscheinigen Morgenrock trägt sie eine bulgarische Schürze. Ein farbiges Kopftuch hält ihr reiches schwarzes Haar zusammen. Sie trägt türkische Sandalen, keine Strümpfe. Trotz alledem sieht sie erstaunlich hübsch und präsentabel aus. Luka geht ins Haus.

KATHARINA Mein lieber Pawel! Welche Überraschung. *Sie lehnt sich über den Stuhlrücken, um ihn zu küssen.*
Hat man dir frischen Kaffee gebracht?

PETKOFF Ja. Luka hat für mich gesorgt. Der Krieg ist aus. Der Friede ist vor drei Tagen in Bukarest unterzeichnet worden. Der Abrüstungsbefehl für unsere Armee wurde gestern ausgegeben.

KATHARINA *springt auf, erregt:* Pawel. Haben die Österreicher euch zum Frieden gezwungen?!

PETKOFF *ein wenig resigniert:* Meine Liebe: mich hat man nicht gefragt. Was sollte ich tun!
Sie setzt sich und wendet sich von ihm ab.
Selbstverständlich haben wir zur Bedingung gemacht, daß der Friede ehrenvoll ist. Und sicher!

KATHARINA *empört:* Frieden!

PETKOFF *besänftigend:* – aber keine freundschaftlichen Beziehungen, wohlgemerkt! Sie wollten diesen Punkt hineinnehmen. Aber ich habe darauf bestanden, daß er gestrichen wird. Was hätte ich noch mehr tun sollen!

KATHARINA Du hättest Serbien annektieren und Prinz Alexander zum Kaiser des Balkans machen können. Das hätte ich getan!

PETKOFF Das bezweifle ich nicht, meine Liebe. Aber ich hätte zuerst das gesamte österreichische Kaiserreich unterwerfen müssen. Das hätte mich zu lang von dir ferngehalten. Du hast mir gefehlt.

KATHARINA *versöhnt:* Ah! *Liebevoll streckt sie die Hand über den Tisch nach ihm aus und tätschelt die seine.*

PETKOFF Und wie ist es dir so ergangen?

KATHARINA Das übliche Halsweh, sonst eigentlich nichts.

PETKOFF *mit Überzeugung:* Das kommt davon, daß du dir jeden Tag den Hals wäschst. Ich habe es dir oft genug gesagt.

KATHARINA Unsinn, Pawel!

PETKOFF *über Kaffee und Zigarette hinweg:* Ich bin sehr gegen diese neuen Gewohnheiten. Man soll es nicht zu weit treiben. Dieses dauernde Waschen kann ja der Gesundheit nicht zuträglich sein: es ist unnatürlich. Da gab es so einen Engländer in Philippopel, der sich tatsächlich jeden Morgen nach dem Aufwachen mit kaltem Wasser übergoß. Widerlich. Es kommt alles von den Engländern. Das Klima dort macht sie so dreckig, daß sie sich immer waschen müssen. Sieh dir meinen Vater an. Sein ganzes Leben lang hat er niemals gebadet. Und achtundneunzig Jahre ist er geworden, der älteste Mann in Bulgarien. Ich wasche mich ganz gern einmal die Woche, das erfordert ja auch meine Stellung. Aber jeden Tag, das führt denn doch zu weit.

KATHARINA Im Grunde bist du eben ein Barbar, Pawel. Ich hoffe wenigstens, daß du auf die russischen Offiziere einen guten Eindruck gemacht hast.

PETKOFF Ich habe mein Möglichstes getan. Jedenfalls habe ich deutlich zu verstehen gegeben, daß wir eine Bibliothek haben.

KATHARINA Aber du hast ihnen nicht erzählt, daß wir dort auch eine elektrische Klingel haben. Ich habe eine anbringen lassen.

PETKOFF Was ist denn das? Eine elektrische Klingel?

KATHARINA Man drückt auf einen Knopf, dann klingelt es in der Küche, und dann kommt Nikola herein.

PETKOFF Und warum soll ich nicht nach ihm rufen?

KATHARINA Kultivierte Leute brüllen nicht nach ihren Dienern. Das habe ich gelernt, während du fort warst.

PETKOFF So? Und jetzt erzähle ich dir etwas, was ich gelernt habe. Kultivierte Leute hängen ihre Wäsche nicht dort auf, wo Besuch sie sehen kann, *er deutet auf die Wäsche auf den Büschen* und deshalb solltest du all das Zeug woanders hinhängen.

KATHARINA Lächerlich, Pawel! Ich bin überzeugt, daß feine Leute so etwas überhaupt nicht bemerken.

SERGIUS *klopft ans Hoftor:* Nikola! Aufmachen!

PETKOFF Da ist Sergius. *Brüllt.* He! Nikola!

KATHARINA Brüll doch nicht so, Pawel. Das ist nicht angenehm.

PETKOFF Unsinn! *Brüllt noch lauter.* Nikola!

NIKOLA *erscheint an der Haustür:* Ja, gnädiger Herr?

PETKOFF Bist du denn taub? Hörst du nicht, daß Major Saranoff klopft? Führ ihn hierher! *Er spricht den Namen mit der Betonung auf der zweiten Silbe aus: Saranoff.*

NIKOLA Jawohl, Herr Major. *Er geht zum Stallhof.*

PETKOFF Unterhalte du dich mit ihm, meine Liebe, bis Raina ihn uns abnimmt. Er ödet mich entsetzlich an, dauernd beklagt er sich, daß wir nichts für seine Beförderung tun. Dazu noch über meinen Kopf hinweg.

KATHARINA Er sollte aber auch wirklich befördert werden, wenn er Raina heiratet. Außerdem sollten wir darauf bestehen, daß es zumindest einen bulgarischen General gibt.

PETKOFF So daß er ganze Brigaden verschleudern kann,

anstatt Regimentern. Mach dir keine Hoffnung, meine Liebe. Er hat nicht die geringste Aussicht auf Beförderung, bevor wir nicht ganz sicher sind, daß der Friede dauerhaft ist.

NIKOLA *am Tor, meldet an:* Major Sergius Saranoff.

Er geht ins Haus und kommt sofort darauf mit einem dritten Stuhl zurück, den er an den Tisch stellt. Dann zieht er sich zurück.

Major Sergius Saranoff, das Original des Bildes in Rainas Zimmer, tritt auf. Ein hochgewachsener Mann von romantischer Schönheit, mit der physischen Widerstandskraft, dem verwegenen Mut und der erregbaren Phantasie eines ungebändigten Gebirgs-Häuptlings. Trotz alledem wirkt er ausgesprochen zivilisiert. Seine Augenbrauen ziehen sich an den äußeren Enden aufwärts, als wollten sie sein Gegenüber ausforschen. Seine Augen beobachten genau und scharf. Seine Nase ist dünn, scharfgeschnitten und, trotz des hohen Nasenrückens und der weiten Nasenlöcher, höchst sensibel. Das Kinn wirkt resolut. Im ganzen würde er ebensogut in einen Pariser Salon passen, was bedeutet, daß der gescheite, phantasievolle Barbar eine kritische Begabung besitzt, die, durch die Ausbreitung westlicher Zivilisation auf dem Balkan aus dem Stadium der Latenz geweckt, sich neuerdings überall zu behaupten weiß. Das Resultat ist genau das, was das Aufkommen des für das neunzehnte Jahrhundert typischen Denkens in England geschaffen hat, nämlich Byronismus. Saranoff brütet über das dauernde Scheitern, Ideale zu realisieren, und zwar nicht nur über sein eigenes Scheitern sondern auch das anderer. Daher verachtet er die Menschheit. Sein guter Glaube an die absolute Gültigkeit seiner Konzepte ist unfruchtbar, und er betrachtet die Welt als unwürdig, weil sie diesen Glauben nicht teilt. Er leidet, er windet sich geradezu unter dem Stachel der alltäglichen Desillusionierung, die ihm jede Stunde, die er mit anderen verbringt, ins Bewußtsein ruft und ihn, der ein sensibler Beobachter ist, verletzt. So hat er eine halb tragische, halb komische Note, eine geheimnisvolle Traurigkeit, er wirkt wie aus einer fremden und furchtbaren Geschichte, die nichts übriggelassen hat als jene immerwährende Zerknirschung, durch deren Darstellung Byrons ›Childe Harold‹ schon die Großmütter seiner englischen Zeitgenossen fasziniert hat. Es leuchtet sofort ein, daß dieser und kein anderer Rainas Idealtyp ist. Katharina ist kaum weniger hingerissen von ihm, nur zeigt sie ihre Begeisterung wesentlich offener als ihre Tochter. Als er von den Stallungen kommt, springt sie auf, um ihn überschwenglich zu begrüßen. Petkoff dagegen neigt weitaus weniger dazu, sich durch ihn aus der Ruhe bringen zu lassen.

PETKOFF Na, da bist du ja, Sergius. Freut mich, dich wiederzusehen.

KATHARINA Mein lieber Sergius! *Sie streckt ihm beide Hände entgegen.*

SERGIUS *küßt die Hände in korrekter Galanterie:* Liebe Mutter – wenn ich Sie so nennen darf.

PETKOFF *trocken*: Schwiegermutter, Sergius, Schwiegermutter! Setz dich! Kaffee?

SERGIUS Danke. Keinen Kaffee für mich. *Mit demonstrativem Widerwillen gegen Petkoffs Tafelgenuß entfernt er sich vom Tisch und stellt sich am Treppengeländer in Pose.*

KATHARINA Sie sehen großartig aus. Der Krieg hat Ihnen gut getan, Sergius. Hier sind sie alle verrückt nach Ihnen.

Wir waren natürlich außer uns vor Begeisterung über diese unglaubliche Kavallerie-Attacke.

SERGIUS *mit schwerer Ironie:* Gnädige Frau: sie war die Wiege und das Grab meines Ansehens als Offizier.

KATHARINA Wieso?

SERGIUS Ich habe die Schlacht auf die falsche Weise gewonnen, während unsere russischen Generäle sie auf die richtige Weise verloren hätten. Kurz: ich habe ihre Pläne nicht befolgt und damit ihr Selbstgefühl verletzt. Zwei Kosaken-Obristen haben sich ihre Regimenter nach strenger Kriegswissenschaft zusammenschlagen lassen. Zwei Generalmajore sind nach genauer militärischer Vorschrift gefallen. Die beiden Obristen sind jetzt Generalmajore, und ich bin immer noch ein einfacher Major.

KATHARINA Sie sollen es nicht bleiben. Sie haben die Frauen auf Ihrer Seite. Wir werden dafür sorgen, daß Ihnen Gerechtigkeit geschieht.

SERGIUS Zu spät. Ich habe nur auf den Frieden gewartet, um meinen Abschied zu nehmen.

PETKOFF *läßt vor Erstaunen die Tasse fallen:* Deinen Abschied?

KATHARINA Das müssen Sie zurücknehmen.

SERGIUS *gemessen, mit pathetischem Ton:* Ich nehme niemals etwas zurück.

PETKOFF *aus allen Wolken gefallen:* Wer hätte gedacht, daß du so etwas tun würdest!

SERGIUS *mit Feuer:* Alle, die mich kennen. Aber reden wir nicht von mir und meinen Dingen. Wie geht es Raina? Wo ist sie?

RAINA *kommt um die Hausecke und steht auf dem Weg oberhalb der Treppe:* Raina ist hier!

Sie sieht bezaubernd aus. Ein Unterkleid aus grüner

Seide, darüber ein Überwurf aus écrufarbenem Leinen, mit Gold bestickt. Auf dem Kopf trägt sie eine phrygische Mütze aus Goldflitter. Sie stellt sich anmutig in Pose und reicht Sergius ihre Hand. Nach Kavaliersart geht er auf ein Knie und küßt sie.

PETKOFF *beiseite zu Katharina, strahlend in väterlichem Stolz:* Bezaubernd! Wie sie auch immer im rechten Augenblick kommt!

KATHARINA *ein wenig irritiert:* Ja. Sie wartet auf das Stichwort. Eine sehr schlechte Angewohnheit.

Sergius geleitet Raina in vollendetem Zeremoniell nach vorn. Als sie am Tisch ankommen, wendet sie sich ihm zu und neigt den Kopf. Er verbeugt sich, dann trennen sie sich, er geht an seinen Platz, sie hinter den Stuhl ihres Vaters.

RAINA *neigt sich zu ihrem Vater hinab und küßt ihn:* Liebster Papi! Willkommen!

PETKOFF *streichelt ihre Wange:* Mein liebes Kind! *Er küßt sie. Sie geht zu dem Stuhl, den Nikola für Sergius geholt hat, und setzt sich.*

KATHARINA Dann sind Sie also kein Soldat mehr, Sergius.

SERGIUS Nein, ich bin kein Soldat mehr. Soldat-Sein, gnädige Frau, ist die Kunst der Feigheit: man greift gnadenlos an, wenn man stark ist, und hütet sich vor Gefahr, wenn man schwach ist. Das ist das ganze Geheimnis militärischer Erfolge. Bring deinen Feind ins Hintertreffen, aber bekämpfe ihn niemals unter den gleichen Bedingungen.

PETKOFF Zu so einem rechten Gefecht Mann gegen Mann hat man es gar nicht kommen lassen. Na ja, eigentlich ist Krieg ein Geschäft und nicht anders als andere Geschäfte.

SERGIUS Richtig. Und ich habe keinen Ehrgeiz, ein guter

Geschäftsmann zu sein. Deshalb habe ich den Rat dieses Geschäftsmannes befolgt, der als Hauptmann den Gefangenenaustausch bei Pirot ausgehandelt hat, und habe es aufgesteckt.

PETKOFF Was, dieser Schweizer? Ich habe oft an den Austausch gedacht. Mit den Pferden hat er uns hereingelegt.

SERGIUS Natürlich hat er uns hereingelegt. Sein Vater ist Hotelbesitzer und Fuhrunternehmer. Er ist im Pferdehandel großgeworden, daher seine Kenntnisse. *Mit gespielter Bewunderung.* Das war ein Soldat, was? Soldat von oben bis unten. Wenn ich nur die Pferde für mein Regiment vorteilhaft gekauft hätte, anstatt es in Gefahr zu bringen, dann wäre ich jetzt Feldmarschall.

KATHARINA Ein Schweizer? Was hat der in der serbischen Armee zu suchen?

PETKOFF Ein Freiwilliger natürlich. Brannte darauf, seinen Beruf auszuüben. *Er lacht.* Wir hätten überhaupt nicht kämpfen können, wenn diese Ausländer uns nicht gezeigt hätten, wie man das macht. Wir hatten keine Ahnung, und die Serben auch nicht. Wahrhaftig – ich glaube, ohne diese Ausländer hätte es überhaupt keinen Krieg gegeben.

RAINA Gab es viele Schweizer in der serbischen Armee?

PETKOFF Nein. Nur Österreicher, so wie es bei uns nur Russen gab. Er war der einzige Schweizer, den ich getroffen habe. Niemals werde ich einem Schweizer wieder vertrauen. Er hat uns doch tatsächlich dazu gebracht, ihm fünfzig taugliche Männer für zweihundert Schindmähren einzutauschen. Die konnte man noch nicht einmal essen.

SERGIUS Wir waren wie zwei Kinder in der Hand dieses gestandenen Soldaten, nicht wahr, Major? Nichts als zwei unschuldige Kinder.

RAINA Wie war er denn so, dieser Schweizer?

KATHARINA Was für eine dumme Frage, Raina!

SERGIUS Wie ein Handelsreisender in Uniform, ein Bourgeois von oben bis unten.

PETTKOFF *grinsend:* Sergius, erzähl Katharina diese herrliche Geschichte, die uns sein Freund von ihm erzählt hat. Wie er nach der Schlacht von Slivnitza geflohen ist. Du weißt schon: die beiden Frauen, die ihn versteckt haben.

SERGIUS *mit bitterer Ironie:* Richtig. Eine romantische Geschichte. Er diente in der Batterie, die ich selbst so höchst unsachlich angegriffen habe. Als richtiger Soldat ist er natürlich weggerannt wie alle anderen, unsere Kavallerie hinter ihnen her. Um sich vor uns zu retten, ist er ein Regenrohr heraufgeklettert und gelangte ins Schlafzimmer einer jungen bulgarischen Dame. Diese junge Dame war ganz bezaubert von der gewinnenden Art dieses Handelsreisenden. Sie unterhielt sich mit ihm etwa eine Stunde lang. Natürlich bewahrte sie Anstand, dann rief sie aber doch die Frau Mama, denn sie hatte natürlich Angst, daß man diesen Besuch falsch deuten würde, falls man ihn entdeckte. Auch die alte Dame war ganz entzückt. Und gegen Morgen schickten sie den Herrn Hauptmann weg, verkleidet, in einem alten Rock des Hausherrn, der gerade im Krieg war.

RAINA *steht auf, mit Eiseskälte:* Ich stelle fest, daß der Krieg Ihre Manieren verdorben hat, Sergius. Niemals hätte ich es für möglich gehalten, daß Sie in meiner Gegenwart eine so ungehörige Geschichte erzählen. *Sie wendet sich ab.*

KATHARINA *steht ebenfalls auf:* Sie hat recht, Sergius. Wenn es wirklich solche Weiber gibt, so sollte man uns die Kenntnis ersparen.

PETKOFF Unsinn! Was ist denn dabei?

SERGIUS *beschämt:* Nein,Petkoff. Es war nicht recht von mir. *Zu Raina, mit tiefer Reue.* Ich bitte um Verzeihung, ich habe mich sehr schlecht benommen. Vergeben Sie mir, Raina!

Raina verneigt sich mit Zurückhaltung.

Und auch Sie, gnädige Frau.

Katharina verneigt sich gnädig und setzt sich wieder hin. Er fährt düster fort, sich an Raina wendend.

Ich habe während der letzten paar Monate Einblicke in die schäbigen Seiten des Lebens gewonnen. Vielleicht hat mich das zynisch gemacht. Aber ich hätte meinen Zynismus nicht mitbringen sollen. Vor allem nicht in Ihre Nähe, Raina. Ich – *Er wendet sich den anderen zu, offensichtlich zu einer längeren Rede ausholend.*

PETKOFF *unterbricht ihn:* Völliger Blödsinn, Sergius. Du machst aus einer Ameise einen Elefanten. Eine Soldatentochter sollte deutliche Worte vertragen können. *Er steht auf.* Komm, an die Arbeit! Wir müssen uns endlich entscheiden, wie wir diese drei Regimenter nach Philippopel zurückschicken wollen. Über Sofia geht es nicht. Keine Verpflegung. *Er geht auf das Haus zu.* Gehen wir! *Sergius ist im Begriff, ihm zu folgen, aber Katharina hindert ihn.*

KATHARINA Pawel, kannst du Sergius nicht einen Augenblick entbehren? Raina hat ihn noch gar nicht gesprochen. Vielleicht kann ich dir da bei deinen Regimentern helfen.

SERGIUS *protestiert:* Liebe gnädige Frau, das ist ganz unmöglich. Sie – –

KATHARINA *hält ihn zurück:* Sie bleiben hier, mein lieber Sergius. Es hat ja alles Zeit. Ich muß ohnehin einiges mit Pawel besprechen.

Sergius verbeugt sich und tritt zurück.

Und jetzt, mein Lieber, *sie nimmt Petkoffs Arm* mußt du erst einmal die elektrische Klingel bewundern.

PETKOFF Also gut, zeig sie mir mal!

Sie gehen Arm in Arm ins Haus. Sergius, mit Raina allein, sieht sie besorgt an, er fürchtet, daß sie noch beleidigt ist. Aber sie lächelt und streckt den Arm nach ihm aus.

SERGIUS *nähert sich:* Sie haben mir also verziehen?

RAINA *legt ihre Hände auf seine Schultern und sieht ihm mit Bewunderung und Verehrung ins Gesicht:* Mein Held, mein König!

SERGIUS Meine Königin! *Er küßt sie auf die Stirn.*

RAINA Ich habe Sie so beneidet, Sergius. Sie sind in der Welt gewesen, auf dem Schlachtfeld, und haben bewiesen, daß Sie jeder Frau auf der ganzen Erde würdig sind. Und ich, ich habe zu Hause gesessen und habe geträumt. Ich habe nichts getan, um zu beweisen, daß ich überhaupt einen richtigen Mann verdiene.

SERGIUS Liebste Raina, alle meine Taten waren die Ihren. Sie haben mich geführt. Ich bin durch den Krieg gegangen wie ein Ritter durchs Turnier, auf den seine Dame herabsieht.

RAINA Und meine Gedanken waren niemals woanders als bei Ihnen. *Feierlich.* Sergius, ich glaube, wir beide haben die höhere Liebe gefunden. Wenn ich an Sie denke, fühle ich, daß ich niemals etwas Niedriges tun oder einen unwürdigen Gedanken denken könnte.

SERGIUS Sie sind mein guter Geist, meine Heilige! *Er hält sie verehrend in den Armen.*

RAINA *umarmt ihn:* Mein Herr und mein ....

SERGIUS Nein – Ich will der Anbeter sein! Sie wissen

ja gar nicht, daß selbst der würdigste Mann der Liebe eines reinen Mädchens unwürdig sein könnte.

RAINA Aber ich vertraue Ihnen, ich verehre Sie. Sie werden mich niemals enttäuschen, Sergius.

Man hört Luka im Haus singen. Sie gehen auseinander.

Da kommt Luka. Vor ihr kann ich nicht so tun, als mache ich Konversation. Mein Herz ist zu voll.

Luka kommt aus dem Haus mit dem Tablett. Sie geht zum Tisch und beginnt abzuräumen, dabei kehrt sie dem Paar den Rücken zu.

Ich hole meinen Hut. Dann wollen wir spazierengehen bis zum Mittagessen. Haben Sie Lust?

SERGIUS Beeilen Sie sich. Fünf Minuten Warten werden mir wie fünf Stunden vorkommen.

Raina läuft die Stufen hinauf, wendet sich noch einmal um, wirft ihm eine Kußhand zu und verschwindet. Hingerissen sieht er ihr einen Augenblick lang nach, wendet sich dann ab, sein Gesicht strahlend vor liebevoller Hingerissenheit. Aber da er nun den Blick anderen Dingen zuwendet, ändert sich auch der Gesichtskreis: er sieht Luka, die seinen Blick zunehmend zu fesseln beginnt. Er beobachtet sie genau und beginnt, seinen Schnurrbart unternehmungslustig zu zwirbeln. Er stemmt die linke Hand in die Hüfte und geht in federndem leichten Schritt eben eines Kavallerie-Offiziers zum Tisch, so daß er ihr gegenübersteht.

Luka, verstehtst du etwas von der ›höheren Liebe‹?

LUKA *erstaunt:* Nein, gnädiger Herr.

SERGIUS Eine etwas ermüdende Sache auf die Dauer. Hin und wieder muß man sich davon erholen.

LUKA *unschuldig:* Dann kann ich Ihnen vielleicht noch

einen Kaffee machen, gnädiger Herr. *Sie streckt die Hand aus, um die Kaffeekanne aufzunehmen.*

SERGIUS *nimmt die Hand:* Nein danke, Luka.

LUKA *tut so, als wolle sie dic Hand zurückziehen:* Aber gnädiger Herr, so war das nicht gemeint. Ich bin ganz erstaunt über Sie.

SERGIUS *geht vom Tisch weg und zieht sie mit sich:* Ich auch, Luka. Über mich selbst. Was würde der Held von Slivnitza sagen, wenn er mich jetzt sähe. Was würde Sergius, der Apostel der höheren Liebe, sagen, wenn er mich sähe. Was würde das Halbdutzend der anderen Sergiusse sagen, die immer abwechselnd aus meiner hübschen Haut herausschauen? Wenn die uns hier so sähen, wie? *Läßt ihre Hand los und faßt sie um die Hüfte.* Findest du, daß ich ein schöner Mann bin, Luka?

LUKA Lassen Sie mich los, Herr Major! Man wird mich davonjagen.

Sie versucht sich freizumachen, aber er hält sie fest.

Wollen Sie mich sofort gehen lassen?

SERGIUS *sieht ihr direkt in die Augen:* Nein.

LUKA Dann lassen Sie uns wenigstens irgendwohin gehen, wo niemand uns sieht. Haben Sie denn den Verstand verloren?

SERGIUS Ah, das hört sich schon besser an. *Er zieht sie in das Stalltor, wo man sie vom Haus her nicht sieht.*

LUKA *verängstigt:* Gewiß hat man mich vom Fenster aus schon gesehen. Fräulein Raina spioniert sicherlich hinter Ihnen her.

SERGIUS *empfindlich getroffen, läßt sie los:* Paß auf, was du sagst, Luka. Ich selbst bin vielleicht der höheren Liebe unwürdig, aber ich lasse sie nicht in den Schmutz ziehen.

LUKA *ernsthaft:* So meine ich es ja auch nicht, Herr Major. Ganz gewiß nicht. Dürfte ich jetzt bitte weiterarbeiten?

SERGIUS *legt wieder seinen Arm um sie:* Du forderst mich heraus, du kleine Hexe. Wenn d u in mich verliebt wärst, würdest du mir nachspionieren?

LUKA Sie sagen, Sie hätten ein Halbdutzend Männer in sich, alle auf einmal. Da gäbe es ziemlich viel zu spionieren.

SERGIUS *entzückt:* Nicht nur hübsch, sondern auch witzig. *Er versucht, sie zu küssen.*

LUKA *weicht ihm aus:* Nein, ich will Ihre Küsse nicht. Herrschaften sind alle gleich. S i e amüsieren sich hinter Fräulein Rainas Rücken. Und Fräulein Raina tut das gleiche hinter I h r e m Rücken.

SERGIUS *läßt von ihr ab:* Luka!

LUKA Da sieht man, wie Ihr alle über die Liebe denkt.

SERGIUS *läßt die Intimität fallen und spricht mit eisiger Höflichkeit:* Wenn du Wert darauf legst, dich mit mir zu unterhalten, erinnere dich bitte, daß ein Herr über die Lebensführung einer Dame nicht mit ihrem Dienstmädchen spricht.

LUKA Man weiß wirklich nicht, was ein Herr für richtig hält. Nach Ihrem Versuch, mich zu küssen, dachte ich, daß Sie diese Dinge nicht so genau nehmen.

SERGIUS *wendet sich ab und tritt aus dem Tor, schlägt sich dabei gegen die Stirn:* Der Teufel!

LUKA Ha ha, einer der sechs Herren in Ihnen muß wohl ein wenig so sein wie ich, Herr Major. Obwohl ich nur Fräulein Rainas Mädchen bin. *Sie geht zu ihrer Arbeit zurück und nimmt keine Notiz mehr von ihm.*

SERGIUS *spricht zu sich selbst:* Wer von den sechs ist nun

der Richtige, wer bin ich? Das ist die Frage! Einer von ihnen ist ein Held, ein anderer ein Schwachkopf, einer ein Schwindler, ein anderer vielleicht sogar ein Lump. *Er unterbricht sich, sieht verstohlen zu Luka hin und sagt:*
Und mindestens einer ist ein Feigling, und dazu auch noch eifersüchtig, wie alle Feiglinge. *Er geht zum Tisch.* Luka?

LUKA Was ist?

SERGIUS Wer ist mein Rivale?

LUKA Das werden Sie aus mir niemals herausbekommen, nicht für alles Geld der Welt.

SERGIUS Warum?

LUKA Das ist m e i n e Sache. Außerdem würden Sie sagen, daß i c h es Ihnen erzählt hätte, und ich würde meine Stellung verlieren.

SERGIUS *hält seine rechte Hand hoch, als wolle er schwören:* Bei meiner Ehre, ... *unterbricht sich, läßt die Hand fallen und fährt mit Selbstironie fort* ... der Ehre eines Mannes, der sich so benimmt, wie ich mich in den letzten fünf Minuten benommen habe. – Wer ist es?

LUKA Ich weiß es nicht. Ich habe nur seine Stimme aus Fräulein Rainas Schlafzimmer gehört.

SERGIUS Verdammt! Und du wagst es ...?

LUKA *weicht vor ihm zurück:* Ich konnte doch nichts dazu. Es ist nicht recht von Ihnen, mit m i r zu schimpfen. Die gnädige Frau weiß auch davon. Und ich sage Ihnen, wenn der Mann jemals hier wieder erscheinen sollte, dann wird Fräulein Raina ihn gewiß heiraten, ob er will oder nicht. Ich kenne den Unterschied zwischen der Art, wie Sie und das Fräulein zusammen reden, und der richtigen Art.

SERGIUS *ist zutiefst betroffen, er geht mit einem hart ent-*

schlossenen Gesicht auf sie zu und packt ihre beiden Arme oberhalb des Ellbogens: Jetzt hör mir mal zu!

LUKA *wimmert:* Au! Nicht so fest! Sie tun mir ja weh!

SERGIUS Das schadet dir gar nichts. Du hast meine Ehre befleckt, du hast mich zum Komplizen deiner Schlüsselloch-Horcherei gemacht. Und du hast deine Herrin verraten.

LUKA *windet sich:* Bitte – –

SERGIUS Das beweist nur, daß du ein erbärmlicher kleiner Klumpen Dreck bist, eine Lakaienseele. *Er läßt sie los, und als habe er etwas Schmutziges angefaßt, wischt er die Hände aneinander ab. Dann setzt er sich auf die Bank an der Hausmauer, wendet den Kopf ab und beginnt, vor sich hinzubrüten.*

LUKA *reibt wimmernd ihre Arme:* Sie wissen jedenfalls, wie man weh tut, nicht nur mit der Zunge, sondern auch mit den Händen. Aber mir ist es egal. Jetzt weiß ich wenigstens: aus solchen Klumpen, aus denen ich gemacht bin, sind Sie auch gemacht. Und das Fräulein ist eine Lügnerin, und ihre schönen Worte sind reiner Betrug. Und ich bin sechsmal soviel wert wie sie. *Sie schüttelt den Schmerz ab und macht sich wieder an die Arbeit.*

SERGIUS *sieht sie zweifelnd an, während sie das Geschirr aufs Tablett stellt, das Tischtuch aufnimmt, um alles hineinzutragen. Als sie das Tablett aufnehmen will, steht er auf:* Luka!

Sie hält ein und sieht ihn trotzig an.

Ein Gentleman sollte einer Frau unter keinen Umständen weh tun. *Mit tiefer Zerknirschung nimmt er seinen Tschako ab.* Ich bitte um Verzeihung.

LUKA Diese Art von Entschuldigung mag recht sein für eine Dame. Aber was hat ein Dienstmädchen davon?

SERGIUS *der seine Ritterlichkeit frustriert sieht, wirft sie mit verächtlichem Grinsen ab und sagt obenhin:* Ach so, du verlangst vielleicht Schmerzensgeld? *Er setzt seinen Tschako wieder auf, holt Geld aus der Tasche.*

LUKA *Tränen schießen ihr in die Augen:* Nein. Sie sollen meine Schmerzen wiedergutmachen.

SERGIUS *von diesem Ton ernüchtert:* Aber wie?

Luka rollt ihren linken Ärmel hoch, hält den Arm zwischen Daumen und Fingern der rechten Hand und besieht den blauen Fleck. Dann hebt sie den Arm und sieht Sergius an. Schließlich hebt sie ihm mit einer großen Geste den Arm entgegen, damit er ihn küsse.

SERGIUS *sieht ungläubig auf den Arm, dann auf sie selbst, dann wieder auf den Arm, zögert und sagt dann schaudernd vor dieser Zumutung:* Niemals! *Er geht so weit weg von ihr wie nur möglich.*

Ihr Arm fällt. Ohne ein weiteres Wort und mit natürlicher Würde nimmt sie das Tablett auf und geht zum Haus, wo soeben Raina erscheint, in Hut und Kostüm der letztjährigen Mode: Wien 1885. Luka geht ihr mit Stolz aus dem Weg, dann ins Haus.

RAINA Da bin ich. Was ist los? *Im Scherz.* Haben Sie etwa mit Luka geflirtet?

SERGIUS *rasch:* Um Gottes willen! Wie können Sie so etwas denken.

RAINA *beschämt:* Verzeihen Sie mir! Es war natürlich nur ein Scherz. Ich bin heute so glücklich.

Er geht auf sie zu und küßt in Reue ihre Hand. Katharina kommt aus dem Haus.

KATHARINA *geht auf sie zu:* Bitte verzeiht mir, daß ich störe, Kinder. Aber Pawel zerbricht sich immer noch den Kopf über diese drei Regimenter. Er weiß eben nicht, wie er sie nach Philippopel schaffen soll. Und meine Vorschläge findet er schlecht. Ich fürchte, Sie müssen ihm helfen, Sergius. Er ist in der Bibliothek.

RAINA *enttäuscht:* Aber wir wollten gerade spazierengehen.

SERGIUS Das dauert nicht lange. Warten Sie fünf Minuten. *Er läuft die Treppe hinauf ins Haus.*

RAINA *folgt ihm bis zum Fuß der Treppe und ruft ihm kokett nach:* Ich geh und warte vor dem Bibliothekfenster. Machen Sie bitte meinen Vater auf mich aufmerksam. Wenn es auch nur eine Sekunde länger dauert als fünf Minuten, komm ich herein und hole Sie, Regimenter oder nicht.

SERGIUS *lachend:* Gut! *Er geht hinein.*

Raina sieht ihm nach, bis er verschwunden ist. Dann entspannt sie sich sichtlich und beginnt, tief in Gedanken, hin und her zu gehen.

KATHARINA Was sagst du dazu, daß sie ausgerechnet diesem Schweizer begegnen mußten. Und daß sie die ganze Geschichte kennen. Natürlich war die erste Frage deines Vaters nach dem alten Rock, den wir diesem Mann gegeben haben. Du hast uns da in schöne Verlegenheit gebracht.

RAINA *in Gedanken, betrachtet den Kies, auf dem sie geht:* Diese kleine Bestie!

KATHARINA Kleine Bestie? Was für eine kleine Bestie?

RAINA Ihm alles zu erzählen! – Wenn der hier wäre, ich würde ihn so vollstopfen mit Schokolade, daß er nicht mehr sprechen könnte.

KATHARINA Red nicht solchen Unsinn. Sag mir die Wahrheit, Raina! Wie lange war er in deinem Zimmer, bevor du mich gerufen hast?

RAINA *kehrt um und setzt ihren Marsch in der entgegengesetzten Richtung fort:* Das habe ich längst vergessen.

KATHARINA So etwas vergißt man doch nicht. Ist er wirklich erst heraufgeklettert, nachdem die Soldaten fort waren, oder war er im Zimmer, als dieser Russe ihn gesucht hat?

RAINA Nein. Ja. Er muß wohl schon dagewesen sein, denke ich.

KATHARINA Denkst du! Raina! Raina! Wirst du jemals lernen, die Wahrheit zu sagen? Wenn Sergius das erfährt, dann ist es aus zwischen euch!

RAINA *kühl und unverschämt:* O ich weiß, Sergius ist deine Wonne. Manchmal wünschte ich, du könntest ihn heiraten für mich. Du wärest genau die Richtige für ihn. Du würdest ihn den ganzen Tag betätscheln und verwöhnen und bemuttern.

KATHARINA *erstarrt:* Also das ist denn doch – –

RAINA *kapriziös, halb zu sich selbst:* Mich juckt es immer danach, ihm etwas Schreckliches zu tun oder zu sagen, ihn zu schockieren, so daß sich alle seine fünf Sinne sträuben. *Zu Katharina, mit gezielter Perversität.*
Es ist mir völlig gleichgültig, ob er von dem Schokoladensoldaten erfährt oder nicht. Beinah hoffe ich es sogar.
Sie wendet sich wieder um und geht auf das Haus zu.

KATHARINA Und wie, wenn ich fragen darf, sollte ich das deinem Vater erklären?

RAINA *über die Schulter von oberhalb der Stufen:* Ach so – der arme Papi? Als ob der nicht auch zu manchem fähig wäre! *Sie geht um die Ecke und verschwindet.*

KATHARINA *sieht ihr nach, ihre Finger jucken:* Wenn du nur zehn Jahre jünger wärst!
Luka kommt aus dem Haus mit einem Silbertablett, das aber in ihrer Hand hängt.
Was ist denn jetzt?

LUKA Ein Herr ist draußen, gnädige Frau. Ein serbischer Offizier.

KATHARINA *zornig:* Ein Serbe! Und der w a g t es – *Unterbricht sich, bitter.* Ach so, ich habe ja ganz vergessen, daß Friede ist. Wahrscheinlich kommen die jetzt den ganzen Tag und machen uns ihre Aufwartung. Ein Offizier? Warum sagst du es nicht dem gnädigen Herrn? Er ist in der Bibliothek mit Major Saranoff. Warum kommst du zu mir?

LUKA Er hat nach I h n e n gefragt, gnädige Frau. Ich glaube nämlich, er weiß gar nicht, wer Sie sind. Er sagte: die Dame des Hauses. Da ist so eine Karte. Die hat er mir gegeben. Für Sie! *Sie zieht eine Karte aus ihrem Mieder, legt sie auf das Tablett und reicht es Katharina.*

KATHARINA *liest:* Hauptmann Bluntschli? Das ist doch ein deutscher Name.

LUKA Ich glaube, er ist Schweizer, gnädige Frau.

KATHARINA *erschrickt so demonstrativ, daß Luka zurückfährt:* Schweizer! Wie sieht er aus?

LUKA *angstvoll:* Er hat einen großen Reisesack bei sich, gnädige Frau.

KATHARINA Um Gottes willen. Das ist der Rock. Schick ihn weg! Sag ihm, wir sind nicht zu Hause. Er soll dir seine Adresse geben, ich schreibe ihm – nein, das geht nicht. Warte! –

Sie wirft sich in einen Stuhl, um die Sache zu überdenken. Luka wartet.

Der gnädige Herr und der Herr Major sind in der Bibliothek und arbeiten, nicht wahr?

LUKA Ja, gnädige Frau.

KATHARINA *entschlossen:* Bring mir den Herrn hierher, sofort. *Streng.* Und sei sehr höflich zu ihm! Und mach schnell! Warte! *Reißt ihr das Tablett weg.* Laß das hier und geh!

LUKA Ja, gnädige Frau. *Geht.*

KATHARINA Luka?

LUKA Ja, gnädige Frau?

KATHARINA Ist die Bibliothekstür geschlossen?

LUKA Ich glaube ja, gnädige Frau.

KATHARINA Wenn nicht, schließ sie im Vorbeigehen.

LUKA Ja, gnädige Frau. *Will gehen.*

KATHARINA Warte!

Luka wartet.

Er soll außen herumgehen. *Sie deutet auf das Stallhoftor.* Und sag Nikola, er soll ihm den Reisesack hierher tragen. Vergiß es nicht!

LUKA *erstaunt:* Den Reisesack?

KATHARINA Ja. Hierher. So schnell wie möglich! *Aufgeregt.* Schnell!

Luka läuft ins Haus. Katharina reißt sich ihre Schürze ab und wirft sie hinter einen Busch. Dann nimmt sie das Tablett auf und benützt es als Spiegel. Das Resultat: ihr Kopftuch folgt der Schürze. Sie bringt ihr Haar in Ordnung, zupft ihren Morgenrock zurecht und schon ist sie präsentabel.

Wie ist das möglich! Wie kann ein Mann bloß so schwachsinnig sein! Und ausgerechnet in diesem Augenblick!

Luka erscheint an der Haustür und meldet: Hauptmann Bluntschli.

Dann stellt sie sich zur Seite, um ihn vorbeigehen zu lassen und geht wieder ins Haus. Er ist der Mann des nächtlichen Abenteuers in Rainas Zimmer, aber inzwischen ist er sauber, schön gekämmt, in eleganter Uniform und gu-

ter Verfassung, dennoch, der gleiche Mann. Kaum hat Luka die Szene verlassen, stürzt Katharina auf ihn zu und bestürmt ihn, offensichtlich in großer Not.

KATHARINA Hauptmann Bluntschli, ich freue mich sehr, Sie wiederzusehen. Aber Sie müssen das Haus sofort verlassen.

Er zieht eine Augenbraue hoch.

Mein Mann ist soeben zurückgekehrt, mit ihm mein zukünftiger Schwiegersohn, keiner von ihnen weiß etwas. Wenn sie etwas wüßten, würde etwas Schreckliches geschehen. Sie sind Ausländer. Sie kennen unsere nationalen Gefühle nicht. Wir hassen die Serben immer noch. Der Friede hat meinen Mann wütend gemacht. Er ist wie ein Löwe, dem man seine Beute weggenommen hat. Wenn er unser Geheimnis erfährt, wird er mir niemals verzeihen. Und das Leben meiner Tochter wäre kaum sicher. Darf ich daher an Sie appellieren als an einen Gentleman und Soldaten? Bitte gehen Sie sofort, bevor man Sie hier antrifft!

BLUNTSCHLI *enttäuscht aber gefaßt:* Gern, verehrte gnädige Frau. Ich bin nur gekommen, um mich bei Ihnen zu bedanken und den Rock zurückzubringen, den Sie mir so freundlicherweise geliehen haben. Wenn Sie mir erlauben möchten, ihn aus meinem Reisesack zu nehmen und ihn beim Hinausgehen Ihrem Bedienten zu übergeben, brauche ich Ihnen nicht länger zur Last zu fallen. *Er geht auf das Haus zu.*

KATHARINA *hält ihn am Ärmel fest:* Bitte um Gottes willen nicht dort lang. *Sie führt ihn zum Tor.* Dies hier ist der kürzere Weg. Und nochmals vielen Dank. Ich freue mich, daß ich Ihnen habe helfen können.

BLUNTSCHLI Und mein Reisesack?

KATHARINA Den schicke ich nach. Geben Sie mir Ihre Adresse!

BLUNTSCHLI Gern. Erlauben Sie bitte!

Er zieht eine Karte aus seiner Brieftasche und beginnt zu schreiben, während Katharina in panischer Ungeduld wartet. Als er ihr die Karte gibt, kommt Petkoff, ohne Hut, eilig aus dem Haus gelaufen in gastfreundlicher Erregung, gefolgt von Sergius.

PETKOFF *noch auf der Treppe:* Mein lieber Hauptmann Bluntschli – –!

KATHARINA Jetzt ist alles aus. *Sie sinkt auf die Bank.*

PETKOFF *zu sehr mit seinem Willkommen beschäftigt, um sie zu bemerken, schüttelt Bluntschlis Hand:* Mein Personal scheint auf den Kopf gefallen zu sein. Es dachte wohl, ich sei hier draußen. Und ich war in der B i b l i o t h e k! *Auf dem Wort liegt Emphase.* Ich habe Sie durchs Fenster gesehen. Ich dachte schon – warum kommen Sie denn nicht herein! Saranoff ist auch da. Sie erinnern sich doch an ihn!

SERGIUS *salutiert humorvoll, dann reicht er ihm sehr liebenswürdig die Hand:* Willkommen, feindlicher Freund!

PETKOFF Gott sei Dank nicht mehr Feind. *In plötzlicher Befürchtung.* Ich hoffe doch, Sie kommen als Freund und nicht, um über Pferde und Gefangene zu verhandeln?

KATHARINA Nein, nein, als Freund, Pawel. Ich hatte den Herrn Hauptmann gebeten, zum Mittagessen zu bleiben. Aber leider muß er sofort wieder gehen.

SERGIUS *sarkastisch:* Ausgeschlossen, Bluntschli, wir brauchen Sie hier dringend. Drei Kavallerieregimenter müssen wir nach Philippopel befördern und haben keine Ahnung, wie.

BLUNTSCHLI *mit beruflichem Interesse:* Philippopel. Da haben Sie wahrscheinlich Schwierigkeiten mit der Verpflegung.

PETKOFF *begeistert:* Genau! *Zu Sergius.* Der hat es sofort verstanden.

BLUNTSCHLI Ich glaube, da kann ich Ihnen helfen.

SERGIUS Sie sind unbezahlbar. Los, kommen Sie!

Hinter Bluntschli stehend, legt er ihm die Hand auf die Schulter und führt ihn zu den Stufen. Petkoff folgt.

RAINA *kommt aus dem Haus und sieht Bluntschli unterhalb der Treppe:* Ah – der Schokoladensoldat!

Bluntschli steht wie angewurzelt, Sergius erstarrt und sieht zuerst auf Raina, dann auf Petkoff, der auf Sergius und dann auf seine Frau sieht.

KATHARINA *geistesgegenwärtig:* Liebe Raina, siehst du nicht, daß wir einen Gast haben? Hauptmann Bluntschli. Einen unserer neuen serbischen Freunde.

Raina verneigt sich, Bluntschli verneigt sich.

RAINA Wie dumm von mir. *Sie steigt die Treppe herab und ist jetzt inmitten der Gruppe, zwischen Bluntschli und Petkoff.* Ich habe gerade unsere Eistorte dekoriert, und dieser blöde Nikola hat einen Stoß Teller daraufgestellt und sie verdorben. *Zu Bluntschli, gewinnend.* Ich hoffe, daß Sie sich nicht für den Schokoladensoldaten gehalten haben, Hauptmann Bluntschli.

BLUNTSCHLI *lacht:* In der Tat, ich dachte, Sie meinten mich. *Wirft ihr einen verstohlenen Blick zu.* Aber Ihre Erklärung hat mich beruhigt.

PETKOFF *argwöhnisch, zu Raina:* Darf ich fragen, seit wann du kochst?

KATHARINA In deiner Abwesenheit hat sie es gelernt. Ihr neuester Einfall.

PETKOFF *unbefriedigt:* Und Nikola hat offensichtlich angefangen zu trinken. Früher war er abstinent. Zuerst führt er Hauptmann Bluntschli hier heraus, wo er doch weiß, daß ich in der Bibliothek bin. Und dann geht er und ruiniert Rainas Schokoladensoldaten. Ich glaube, er ist wirklich – –

Nikola erscheint oberhalb der Treppe mit dem Sack, den er respektvoll Bluntschli zu Füßen legt. Dann wartet er auf weitere Anordnungen. Allgemeines Erstaunen. Nikola ist sich der Wirkung, die er hervorruft, nicht bewußt, offensichtlich ist er mit sich zufrieden. Schließlich gewinnt Petkoff die Gewalt über seinen Sprache wieder und fragt ihn.

Sag mal, bist du eigentlich bei Sinnen, Nikola?

NIKOLA Ich verstehe nicht, gnädiger Herr?

PETKOFF Weshalb bringst du diesen Sack hierher?

NIKOLA Die gnädige Frau hat es so befohlen. Luka sagte mir ...

KATHARINA *unterbricht:* Ich sollte es befohlen haben?! Warum sollte ich dir befehlen, Hauptmann Bluntschlis Gepäck hier herauszubringen? Was denkst du dir eigentlich, Nikola?

NIKOLA *ringt einen Augenblick um Fassung, dann nimmt er den Reisesack wieder auf und wendet sich mit der Perfektion des vollendeten Dieners an Bluntschli:* Ich bitte vielmals um Verzeihung, Herr Hauptmann. *Zu Katharina.* Natürlich habe ich mich geirrt, gnädige Frau. Ich bitte Sie, es mir nicht anzurechnen.

Er verbeugt sich und geht mit dem Sack zur Treppe, dort trifft ihn Petkoffs angestauter Ärger.

PETKOFF Du kannst diesen Reisesack in Fräulein Rainas Eistorte werfen.

Das ist zu viel für Nikola. Der Sack fällt ihm aus der

Hand, beinah zu Füßen seines Herrn, der ihn anbrüllt. Mach daß du fortkommst, du gepökeltes Rindvieh!

NIKOLA *nimmt schnell den Sack wieder auf:* Jawohl, Herr Major! *Und verschwindet mit dem Sack im Haus.*

KATHARINA Beruhige dich, Pawel, es ist doch nicht so schlimm!

PETKOFF *schäumend:* Der Schurke! Völlig verkommen, während ich fort war. Aber dem werde ich es zeigen – diesem Lump. Nächsten Samstag schmeiße ich ihn hinaus! Ich werde diesen ganzen Haushalt – –

Weitere Worte ersticken unter den Beruhigungsversuchen seiner Frau und seiner Tochter, die ihn von beiden Seiten liebkosend bearbeiten.

KATHARINA *gleichzeitig mit Raina:* Aber Liebster, ärgere dich doch nicht, er hat es ja nicht böse gemeint. Beruhige dich! Es ist doch nicht so schlimm ... (etc.)

RAINA *gleichzeitig:* Aber Papi, reg dich doch nicht so auf! An deinem ersten Tag zu Hause! Ich mache dir auch eine neue Eistorte, wenn du wieder lieb bist ... (etc.)

PETKOFF *beruhigt sich:* Na ja – also gut – ist schon gut. – Bluntschli, jetzt Spaß beiseite. Sie bleiben jetzt erst mal hier. Sie gehen doch ohnehin noch nicht gleich zurück in Ihre Schweiz. Bis dahin wohnen Sie bei uns.

RAINA Ja wirklich, Herr Hauptmann.

PETKOFF *zu Katharina:* Vor dir hat er Angst. Sag du es ihm noch einmal. Dann bleibt er.

KATHARINA Natürlich wäre ich *sieht Bluntschli flehentlich an* überglücklich, wenn er bleiben könnte –, wenn er es wirklich möchte. Ich glaube, er kennt meine Wünsche.

BLUNTSCHLI *trocken und militärisch:* Gnädige Frau, Ihr Wunsch ist mir Befehl.

SERGIUS *herzlich:* Abgemacht.

PETKOFF *zufrieden:* Na also.

RAINA Sehen Sie? Jetzt müssen Sie bleiben.

BLUNTSCHLI *vergnügt:* Um so besser. Wenn ich muß, dann muß ich eben.

Katharina macht eine Geste verzweifelter Ergebenheit.

Dritter Akt

In der Bibliothek, nach dem Mittagessen. Allerdings verdient der Raum diese Bezeichnung kaum. Die literarische Ausstattung beschränkt sich auf ein einziges Regal, auf dem abgegriffene papiergebundene Romane stehen, mit zerrissenen Rücken und Kaffeeflecken; dazu ein paar Etagéren, darauf Geschenkbände. Was sonst an Wand übrigbleibt ist mit Kriegsandenken und Jagdtrophäen bestückt. Aber als Wohnzimmer ist der Raum sehr gemütlich. Drei große Fenster lenken den Blick auf Gebirgslandschaft, im Augenblick in herrlichem Nachmittagslicht. In der Ecke neben dem äußeren Fenster rechts ragt ein ungeheuerlicher Kachelofen in glänzender Glasur beinah bis zur Zimmerdecke und verspricht wohlige Wärme. Die Ottomane ist ähnlich der in Rainas Zimmer und ist in derselben Art aufgestellt. Die Fensternischen sind Bänke, mit dicken bunten Kissen angehäuft. Nur ein Gegenstand paßt absolut nicht in seine Umgebung: ein kleiner alter schäbiger Küchentisch, als Schreibtisch hergerichtet, mit einer Blechbüchse voller Federn, einem mit Tinte gefüllten Eierbecher und einem großen Blatt von abgenütztem zerfetzten rosa Löschpapier. Seitlich am Tisch sitzt Bluntschli, arbeitet intensiv über einigen Generalstabskarten und schreibt Befehle aus. Vor dem Tisch sitzt Sergius, auch er offiziell bei der Arbeit, aber in Wirklichkeit, an einer Feder kauend, in den Anblick Bluntschlis vertieft, voller Neid über dessen Sachlichkeit und Tüchtigkeit und voller Unbehagen über seine eigene Unfähigkeit. Er staunt Bluntschlis Methodik an, aber ihr prosaischer Charakter verbietet ihm gleichzeitig, sie zu schätzen.

Der Major dagegen hat sich bequem auf der Ottomane niedergelassen, die Zeitung in der Hand, das Mundstück seiner Wasserpfeife leicht erreichbar. Katherina sitzt stikkend am Ofen, Raina sitzt auf der Fensterbank und sieht tagträumend hinaus auf die Balkanlandschaft, einen vernachlässigten Roman auf dem Schoß.
Die Tür ist auf der Seite des Ofens. Der Knopf der elektrischen Klingel an der anderen Seite, hinter Bluntschli.

PETKOFF *sieht von seiner Zeitung auf zum Tisch hinüber:* Kann ich Ihnen in irgendeiner Weise behilflich sein, Bluntschli?

BLUNTSCHLI *ohne die Arbeit zu unterbrechen oder aufzusehen:* Vielen Dank. Nicht nötig. Saranoff und ich werden gut damit fertig.

SERGIUS *ironisch:* Ja, sehr gut. Er arbeitet alles aus, schreibt die Ordern und ich unterschreibe. Arbeitsteilung. *Bluntschli schiebt ihm ein Papier hin.*
Noch eines? Danke. *Er legt das Papier vor sich hin, stellt seinen Stuhl parallel dazu und unterschreibt. Die Zunge vollzieht die Signatur mit.* Diese Hand hat mehr Übung mit dem Schwert als mit der Feder.

PETKOFF Es ist wirklich sehr nett von Ihnen, Bluntschli, sich uns zur Verfügung zu stellen. Ich kann Ihnen wirklich nicht helfen?

KATHARINA *leise:* Du könntest aufhören, immer zu unterbrechen, Pawel.

PETKOFF *erschrocken, wendet sich zu ihr:* Wie? Ach so, ganz recht, meine Liebe, natürlich. *Er nimmt die Zeitung wieder auf, aber er läßt sie sofort wieder sinken.* Du warst ja nicht im Krieg, Katharina, du weißt gar nicht, wie wohltuend es ist für uns, hier zu sitzen nach einem guten Essen und nichts tun zu müssen. Nur eine einzige Sache fehlt mir zu meinem Glück.

KATHARINA Und das wäre?

PETKOFF Mein alter Rock. In diesem ist mir nicht recht wohl. Ich fühle mich darin wie bei der Parade.

KATHARINA Aber lieber Pawel, was hast du denn immer mit diesem alten Rock? Zieh ihn doch an! Er hängt in der blauen Kammer, wo er immer gehangen hat.

PETKOFF Ich sage dir doch, meine Liebe, ich habe dort nachgesehen. Habe ich Augen oder nicht?

Katharina steht auf, geht zur elektrischen Klingel und drückt den Knopf.

Du mußt natürlich deinen elektrischen Knopf herzeigen.

Sie blickt ihn mit einiger Überheblichkeit an und geht schweigend zu ihrer Stickerei zurück.

Meine Beste, wenn du meinst, daß die Hartnäckigkeit deines Geschlechts einen Hausrock aus zwei Morgenröcken Rainas und deinem Regenmantel machen kann, dann irrst du dich leider. Denn genau das sind die Dinge, die im Augenblick in der blauen Kammer hängen, und nichts anderes.

Nikola tritt auf.

KATHARINA Nikola, geh in die blaue Kammer und hole den alten Hausrock des gnädigen Herrn. Du weißt schon – den mit der Borte.

NIKOLA Ja, gnädige Frau. *Ab.*

PETKOFF Katharina.

KATHARINA Ja, Pawel?

PETKOFF Ich wette mit dir um jeden Schmuck, der dir in Sofia in die Augen sticht, gegen eine Woche Haushaltsgeld, daß der Rock nicht da ist.

KATHARINA Einverstanden.

PETKOFF *von seiner Chance angestachelt:* Wer steigt in dieses Spiel ein, wer macht mit? Bluntschli, sechs zu eins! Wie wärs?

BLUNTSCHLI *unbeirrt:* Sie wären ruiniert, Major. Die gnädige Frau hat sicher recht.

Ohne aufzusehen, gibt er einen Stoß Papiere an Sergius weiter.

SERGIUS Eins zu null für die Schweiz. Ich wette mein bestes Pferd gegen eine arabische Stute für Raina, daß Nikola den Rock in der blauen Kammer findet.

PETKOFF Dein bestes Pferd!

KATHARINA *unterbricht ihn:* Pawel, sei nicht verrückt! Eine arabische Stute kostet dich fünfzigtausend Lewa.

RAINA *erwacht plötzlich aus ihrer Träumerei:* Aber Mami, wenn du den Schmuck nimmst, warum gönnst du mir dann die Stute nicht.

Nikola erscheint mit dem Rock, bringt ihn Petkoff, der seinen Augen nicht traut.

KATHARINA Wo war er, Nikola?

NIKOLA Er hing in der blauen Kammer, gnädige Frau.

PETKOFF Also, da soll mich doch der Teufel – –

KATHARINA *unterbricht:* Bitte Pawel!!

PETKOFF Ich hätte schwören können, daß er nicht da ist. Ich glaube, ich werde alt, bald sehe ich Gespenster. *Zu Nikola.*

Hilf mir in den Rock. *Er zieht sich um, Nikola hilft.*

Gut, daß wir nicht gewettet haben. Jetzt mußt du Raina die Stute selbst kaufen, Sergius, sie rechnet damit. Nicht wahr, Raina?

Er sieht sich nach ihr um, aber sie ist schon wieder in ihren Träumen. Mit einem Anflug von väterlichem Gefühl macht er die anderen darauf aufmerksam.

Sie träumt schon wieder, – wie immer.

SERGIUS Ich versichere dir, sie wird nicht zu kurz kommen.

PETKOFF Um so besser für sie. Ich fürchte, mich wird die Sache etwas teuer zu stehen kommen.

Inzwischen hat er sich umgezogen. Nikola geht mit dem abgelegten Rock hinaus.

Jetzt endlich fühle ich mich wirklich zu Hause. *Grunzend vor Befriedigung nimmt er die Zeitungslektüre wieder auf.*

BLUNTSCHLI *händigt Sergius das letzte Papier aus:* So, das wär's.

PETKOFF *überrascht, springt auf:* Was? Fertig?

BLUNTSCHLI Fertig.

PETKOFF *will zu guter Letzt noch mitspielen:* Gibts nicht auch noch etwas zum Unterzeichnen für m i c h ?

BLUNTSCHLI Nicht nötig. Seine Unterschrift genügt.

PETKOFF *gebläht vor Befriedigung:* Da haben wir aber ein gutes Stück Arbeit geleistet heute. Kann ich noch irgend etwas tun?

BLUNTSCHLI Vielleicht wäre es ratsam, wenn Sie beide sich die Leute mal ansehen, die das Zeug zu überbringen haben.

Sergius steht auf.

Schicken Sie die Kerle gleich auf den Weg! Ich habe auf den Ordern genau verzeichnet, wann sie einzureichen sind. Und keine Verzögerung, kein Besuch im Wirtshaus unterwegs! Fünf Minuten Verspätung, und sie bekommen die Haut über die Ohren gezogen!

SERGIUS *indigniert:* Ich werde es ausrichten. Und wenn einer von ihnen den Mut hat, mir ins Gesicht zu spucken, weil ich seine Menschenwürde angetastet habe, dann kaufe ich ihn los und zahle ihm seine Pension! *Er geht ab.*

BLUNTSCHLI *vertraulich zu Petkoff:* Gehen Sie mit und sehen Sie zu, daß er mit den Leuten anständig umgeht, Herr Major!

PETKOFF *eifrig:* Sehr richtig, Bluntschli, sehr richtig. Ich werde mich der Sache annehmen. *Er stelzt zur Tür, aber dort zögert er.*

Übrigens, Katharina, du könntest eigentlich mitkommen. Vor dir haben sie wahrscheinlich mehr Respekt als vor mir.

KATHARINA *legt ihre Stickerei ab:* Ja, du hast recht, es ist besser. Ich fürchte, du machst dich den Leuten nicht recht verständlich.

Sie geht ab, Petkoff hält ihr die Tür und folgt ihr.

BLUNTSCHLI Das nenn ich mir eine Armee. Macht Kanonen aus Kirschbäumen. Und die Offiziere schicken nach ihren Frauen, damit sie Disziplin halten! *Er beginnt, die Papiere zu ordnen.*

RAINA *ist von ihrem Fenstersitz aufgestanden und kommt jetzt langsam, die Hände auf dem Rücken, auf ihn zu:* Sie sehen wesentlich netter aus als damals. Wie wir uns kennengelernt haben.

Er sieht sie erstaunt an.

Wie haben Sie das gemacht?

BLUNTSCHLI Ich habe mich gewaschen. Und gekämmt, gut geschlafen, richtiges Frühstück. Mehr eigentlich nicht.

RAINA Sind Sie gut zurückgekommen, an dem Morgen?

BLUNTSCHLI Ausgezeichnet. Danke.

RAINA War man böse mit Ihnen, weil Sie vor Sergius davongelaufen sind?

BLUNTSCHLI *grinst:* Überhaupt nicht. Die waren froh, daß ich da war. Sie sind ja selbst davongelaufen.

RAINA *stützt sich ihm gegenüber auf den Tisch:* Das hat

wohl eine hübsche Geschichte abgegeben. Über mich und mein Zimmer.

BLUNTSCHLI Großartige Geschichte. Aber ich habe sie nur einem einzigen Menschen erzählt, einem guten Freund.

RAINA Auf dessen Verschwiegenheit Sie sich absolut verlassen konnten.

BLUNTSCHLI Absolut.

RAINA Aha. Er hat die ganze Geschichte meinem Vater und Sergius erzählt, an dem Tag, als die Gefangenen ausgetauscht wurden. *Sie wendet sich ab und geht langsam, im Bewußtsein der Wirkung, auf die andere Seite des Zimmers.*

BLUNTSCHLI *sehr betroffen und beinah ungläubig:* Nein. Das ist doch wohl nicht Ihr Ernst?

RAINA *wendet sich um, plötzlich ernsthaft:* Doch. Aber die beiden wissen natürlich nicht, daß es dieses Haus war. Wenn Sergius das wüßte, würde er Sie zum Duell fordern und töten.

BLUNTSCHLI Auch das noch! Dann erzählen Sie es ihm lieber nicht.

RAINA Bitte seien Sie doch mal ernst, Herr Hauptmann. Können Sie denn nicht begreifen, was es für mich bedeutet, ihn zu betrügen? Ich möchte doch, daß zwischen Sergius und mir keine Lüge steht, keine Gemeinheit, keine Kleinlichkeit. Meine Beziehung zu ihm ist der einzige wirklich schöne und edle Teil meines Lebens. Ich hoffe, Sie verstehen das!?

BLUNTSCHLI *skeptisch:* Sie meinen, Sie möchten nicht, daß er herausfindet, daß die Sache mit dem Schokoladensoldaten eine – eine – wie soll ich sagen – –

RAINA *höchst peinlich berührt:* Bitte sprechen Sie nicht darüber, als wäre das eine Bagatelle. Ich habe gelogen.

Das weiß ich. Aber ich habe es getan, um Ihr Leben zu retten. Es war das zweite Mal, daß ich jemals die Unwahrheit gesagt habe.

Bluntschli steht auf und sieht sie zweifelnd und streng an.

Erinnern Sie sich an das erste Mal?

BLUNTSCHLI Ich? Nein. War ich denn dabei?

RAINA Ja. Ich habe dem Offizier, der nach Ihnen gesucht hat, gesagt, Sie seien nicht hier.

BLUNTSCHLI Natürlich. Wie konnte ich das nur vergessen!

RAINA *ermutigt:* Natürlich, S i e vergessen so etwas. Sie hat es nichts gekostet. Aber mich hat es eine Lüge gekostet. Eine L ü g e !

Sie setzt sich auf die Ottomane und sieht vor sich hin, die Hände unter den Knien. Bluntschli, ganz gerührt, geht zu ihr und setzt sich neben sie.

BLUNTSCHLI *besänftigend:* Mein liebes Fräulein, ich glaube, Sie übertreiben. Sehen Sie mich an! Ich bin Soldat. Was sind nun die beiden Dinge, mit denen ein Soldat fertig werden muß, so daß sie ihm schließlich überhaupt nichts mehr ausmachen? Erstens, daß er von allen Seiten Lügen hört.

Raina ist schmerzlich berührt.

Zweitens: daß er sich manchmal das Leben retten lassen muß, und zwar von allen möglichen Leuten und auf alle möglichen Arten.

RAINA *steht auf, entrüstet:* Und das bedeutet, daß er nicht mehr an Treue und Dankbarkeit glaubt.

BLUNTSCHLI *trocken:* Glauben S i e an Dankbarkeit? Ich nicht. Wenn Mitleid der Liebe verwandt ist, dann entspricht Dankbarkeit dem Gegenteil.

RAINA Dankbarkeit! *Aggressiv.* Wenn Sie schon nicht dankbar sein können, dann sind Sie überhaupt nicht fähig, etwas Edles zu empfinden. Selbst Tiere sind dankbar. Jetzt sehe ich erst, was Sie von mir halten. Sie waren gar nicht erstaunt, mich lügen zu hören. Sie dachten vielleicht, das tue ich jeden Tag, jede Stunde. Das also denken Männer von Frauen. *Sie geht im Raum auf und ab, sieht sich tragisch.*

BLUNTSCHLI *stoisch:* Und nicht ganz unberechtigt. Sie sagen, Sie hätten in Ihrem Leben nur zweimal gelogen. Liebes gnädiges Fräulein: ist das nicht doch etwas sparsam gerechnet? Ich selbst glaube, daß ich verhältnismäßig ehrlich bin, aber damit käme ich noch nicht einen halben Tag aus.

RAINA *von oben herab:* Herr Hauptmann, Sie beleidigen mich!

BLUNTSCHLI Ich kann nichts dafür. Ich bin gewiß voller Verwunderung für Ihre edle Haltung und Ihren schwingenden Tonfall, aber ich glaube kein Wort davon.

RAINA *mit großem Pathos:* Hauptmann Bluntschli!

BLUNTSCHLI *ungerührt:* Bitte?

RAINA *steht über ihm, als traue sie ihrer Wahrnehmung nicht mehr:* M e i n e n Sie wirklich, was Sie eben gesagt haben?! W i s s e n Sie überhaupt, was Sie gesagt haben?!

BLUNTSCHLI Genau.

RAINA *ringt nach Atem:* Ich – Ich – –

Verschluckt sich beinah, was zu bedeuten hat: ›Ich, Raina Petkoff, soll eine Lügnerin sein!!‹ Er sieht sie an, unbeeindruckt. Plötzlich setzt sie sich neben ihn und fragt mit völlig verändertem Ton – das Heroische ist der Vertraulichkeit gewichen –

Wie haben Sie das herausbekommen?

BLUNTSCHLI *völlig natürlich:* Instinkt, mein Fräulein. Instinkt und Erfahrung.

RAINA *bewundernd:* Wissen Sie, daß Sie der erste Mann sind, der mich nicht ernst nimmt?

BLUNTSCHLI Sie meinen, ich bin der erste Mann, der Sie wirklich ernst nimmt.

RAINA Ja, wahrscheinlich meine ich das. *Gelockert und unbefangen.* So wie Sie hat noch niemand mit mir gesprochen. Es ist eine ganz neue Erfahrung. Wissen Sie, ich habe das nämlich immer so gemacht.

BLUNTSCHLI Was?

RAINA Ich meine die edle Haltung und den strengen Tonfall.

Beide lachen.

Schon als kleines Kind mit meinem Kindermädchen. Die hat mir alles abgekauft. Auch mit meinen Eltern tue ich es, die glauben auch alles. Auch mit Sergius. Der glaubt auch alles.

BLUNTSCHLI Na ja, er geht ja selbst ein bißchen in diese Richtung, oder nicht?

RAINA Ich bin nicht ganz sicher. Meinen Sie? Wenn ich denke, daß er ... *Entmutigt.*

Na gut. Ist ja auch gleichgültig. Wahrscheinlich verachten Sie mich jetzt, wo Sie alles wissen.

BLUNTSCHLI *freundlich, steht auf:* Aber keineswegs, mein liebes Fräulein, ganz gewiß nicht. Es gehört zu Ihnen, Ihrer Jugend, gerade darin liegt ja Ihr Reiz. Darin bin ich wie die anderen: das Kindermädchen, Ihre Eltern, Sergius. Ich bin tatsächlich ganz bezaubert von Ihnen.

RAINA *angenehm überrascht:* Wirklich?

BLUNTSCHLI *schlägt sich, nach deutscher Manier, die Hand aufs Herz:* Hand aufs Herz! Ganz ehrlich.

RAINA *glücklich:* Aber was haben Sie von mir gedacht, als Sie mein Bild gefunden haben?

RAINA *nähert sich ihm, ein wenig in Reue:* Schlechte Nachricht?

BLUNTSCHLI Mein Vater ist gestorben.

Er sieht in Gedanken auf das Telegramm, man sieht ihm an, daß er disponiert. Luka bekreuzigt sich.

RAINA Das ist aber traurig.

BLUNTSCHLI Ja. Ich muß heim. In einer Stunde muß ich abreisen. Er hat mir eine Reihe von Hotels hinterlassen, um die ich mich kümmern muß. *Er nimmt einen besonders dicken Brief auf.* Hier ein Monstrum von Brief, von unserem Familienanwalt. *Er öffnet ihn, geht eine Liste durch.* Donnerwetter! – siebzig – zweihundert *im crescendo, als sei er überfordert* viertausend, vier – t a u - s e n d ! Neuntausendsechshundert!!! Was soll ich mit all dem Zeug?!

RAINA *ahnungslos:* Neuntausendsechshundert Hotels?

BLUNTSCHLI Hotels? Nein – Ach – Sie ahnen es nicht. Es ist zu lächerlich. Entschuldigen Sie mich: ich muß meinem Burschen ein paar Anordnungen geben, wegen der Abreise. *Er verläßt das Zimmer in Eile, die Briefe in der Hand.*

LUKA *ihr Instinkt sagt ihr, daß sie Raina ärgern kann, indem sie Bluntschli schlecht macht:* Der hat kein Herz, dieser Schweizer. Er hat kein Wort gesagt, daß er über den Tod seines Vaters traurig ist.

RAINA *bitter:* Traurig? Ein Mann, der seit Jahren nichts getan hat als andere zu töten! Was macht dem das aus? Was macht das irgendeinem Soldaten aus? *Sie geht zur Tür, hält nur mit Mühe ihre Tränen zurück.*

LUKA Major Saranoff war schließlich auch im Krieg, aber der hat noch ziemlich viel Herz übrig.

Raina, an der Tür, wirft Luka einen tötenden Blick zu und segelt hinaus.

Ah – das hab ich mir doch gedacht, daß du aus deinem Soldaten nicht viel Gefühl herausquetschen wirst!

Im Begriff hinauszugehen, stößt sie auf Nikola, der mit einem Scheit Holz hereinkommt.

NIKOLA *grinst sie liebevoll an:* Ah endlich! Den ganzen Nachmittag schon versuche ich, dich allein zu kriegen, mein Kind. *Bemerkt den hochgekrempelten Ärmel.* Was ist denn das für eine neue Mode!

LUKA *stolz:* Meine eigene Mode.

NIKOLA So! Wenn die Gnädigste dich so sieht, wird sie dir ein paar Worte darüber zu sagen haben. *Er legt die Scheite ab und setzt sich bequem auf die Ottomane.*

LUKA Und deshalb fängst du schon jetzt mit ein paar Worten an.

NIKOLA Komm – komm, sei mal ein bißchen nett zu mir. Ich habe erfreuliche Nachricht für dich.

Sie setzt sich neben ihn. Er zieht Papiergeld aus der Tasche. Luka, gierig, will es ihm wegschnappen, aber er zieht es ihr mit der anderen Hand weg.

Siehst du! Zwanzig Lewa. Sergius hat sie mir gegeben, so aus einer Laune. Wenn der so weitermacht, ist er sein Geld bald los. Und hier sind nochmal zehn Lewa. Die hat mir dieser Schweizer gegeben, weil ich die Lügen unserer verehrten Dame und Rainas so treuherzig hingenommen habe. Der Kerl ist übrigens nicht auf den Kopf gefallen. Du hättest die alte Katharina mal hören sollen, da unten. Die war so freundlich zu mir wie noch nie. Sie sagt, ich soll dem Alten nicht böse sein, er sei eben manchmal etwas ungeduldig. Sie wüßten genau, was für ein guter Diener ich sei –, nachdem sie mich wie einen Schwachkopf und Lügner behandelt haben, vor dem Besuch. Die Zwanzig, die werden gespart. Und die zehn, die sind für dich, falls du dich bequemen kannst, mich ein bißchen menschlicher zu behandeln. Manchmal habe ich es nämlich satt, immer nur Diener zu spielen.

LUKA Ja. Du verkaufst deine Seele für dreißig Lewa, und meine willst du für zehn kaufen. *Sie steht auf, mit Verachtung.* Behalte dein Geld. Du bist zum Diener geboren. Ich nicht. Wenn du erst deinen Laden aufmachst, dann bist du der Diener aller Leute, jetzt bist du der Diener einiger Leute. *Sie geht zum Tisch und läßt sich auf Sergius' Stuhl nieder, wie auf einem Thron.*

NIKOLA *nimmt die Holzscheite auf und geht zum Ofen.* Warte nur! Du wirst schon sehen! Es wird dir nichts fehlen. Und wir werden Herren in unserem Haus sein. Das verspreche ich dir. *Er wirft das Holz hin und kniet vor dem Ofen.*

LUKA In meinem Haus wirst du niemals Herr sein.

NIKOLA *wendet sich nach ihr um, immer noch auf den Knien:* Du bist zu ehrgeizig, Luka. Denk daran: wenn es dir im Leben mal gutgehen wird – ich war es, der überhaupt erst etwas aus dir gemacht hat.

LUKA Du?!

NIKOLA *stellt sich wieder auf die Füße und geht auf sie zu:* Ja. Ich. Wer hat es dir abgewöhnt, falsches Haar kiloweise auf dem Kopf zu tragen und deine Lippen und Backen rot anzumalen wie jedes beliebige bulgarische Bauernmädchen? Ich. Wer hat dir beigebracht, deine Nägel zu schneiden und deine Hände sauber zu halten und dich zu pflegen wie eine feine russische Dame? Ich war es! Hörst du? Ich.

In Verachtung wirft sie den Kopf zurück. Er wendet sich ab, etwas gefaßter.

Ich habe manchmal gedacht: wenn diese Raina nicht wäre,

und du wärst ein wenig gescheiter und Sergius noch ein wenig dümmer, dann wärst du eine meiner besten Kundinnen. Als meine Frau kostest du mich ja doch nur Geld.

LUKA Und ich glaube, du wärst lieber mein Diener als mein Mann. Da würdest du mehr aus mir herausbekommen. Ich kenne dich doch – dich und deine Krämerseele.

NIKOLA *nähert sich ihr, um seinen Worten Bedeutung zu geben:* Laß du ruhig meine Seele aus dem Spiel, und hör mir gut zu! Wenn du eine Dame sein möchtest, dann ist dein Verhalten mir gegenüber fehl am Platz, – außer wenn wir allein sind. Du bist zu grob und unverschämt. Unverschämtheit weist auf Vertraulichkeit. Das könnte sogar Zuneigung bedeuten. Und versuche nicht immer, mich von oben herab zu behandeln. Du bist wie alle diese Bauernmädchen: du meinst, es sei vornehm, einen Diener so zu behandeln, wie ich einen Stallburschen behandle. Das verrät nur, daß du eben keine Ahnung hast. Merk dir das! Und sei nicht immer so trotzig den anderen gegenüber! Tu meinetwegen so, als ob du erwartest, daß du recht hast. Aber nicht als ob du erwartest, daß man dich herumkommandiert. Der Erfolg einer Dame beruht auf den gleichen Regeln wie der Erfolg eines Dienstmädchens: man muß genau wissen, wo man steht. Das ist das Geheimnis. Und du kannst dich darauf verlassen, daß ich weiß, wo ich stehen werde, solltest du es weiter bringen als ich. Überleg dir das mal, Mädchen! Ich werde dir schon helfen. Ein Diener sollte dem anderen immer helfen.

LUKA *steht ungehalten auf:* Ich tue, was ich selbst für richtig halte. Du mit deiner kaltblütigen Weisheit, du nimmst mir nur den Mut! Leg das Holz aufs Feuer! Das ist die einzige Sprache, die d u verstehst.

Bevor Nikola antworten kann, kommt Sergius herein. Einen kurzen Augenblick scheut er, als er Luka sieht, dann geht er zum Ofen.

SERGIUS *zu Nikola:* Bin ich im Weg?

NIKOLA *glatt und ältlich-gütig:* Aber nein, gnädiger Herr, vielen Dank. Ich habe nur gerade mit diesem dummen kleinen Ding ein wenig geschimpft. Jeden Augenblick rennt sie hier in die Bibliothek, um sich die Bücher anzusehen. Das ist der Nachteil ihrer Erziehung: sie versucht, sich über ihren Stand zu erheben. *Zu Luka.*

Luka, räum den Tisch ab, für den Herrn Major! *Gemessen verläßt er den Raum.*

Luka tut, als räume sie den Tisch auf. Sie sieht Sergius nicht an. Er geht zu ihr hinüber und besieht ihren Arm.

SERGIUS Zeig mal her. Sieht man den Fleck noch? *Er zieht das Armband hinauf und sieht den Fleck. Sie steht ohne Bewegung, sieht ihn immer noch nicht an: gebannt und auf alles gefaßt.* Tut's noch weh?

LUKA Ja.

SERGIUS Soll ich es heilen?

LUKA *zieht sofort den Arm zurück, sieht ihn aber nicht an:* Nein. Jetzt ist es zu spät.

SERGIUS *siegessicher:* Bist du sicher? *Er will sie in seinen Arm nehmen.*

LUKA Bitte spielen Sie nicht mit mir! Ein Offizier sollte nicht mit einem Dienstmädchen anbandeln.

SERGIUS *legt den Zeigefinger auf den Fleck an ihrem Arm, so daß sie es spürt:* Das war kein Spiel, Luka!

LUKA *fährt bei der Berührung zusammen, dann sieht sie ihn zum ersten Mal an:* Tut es Ihnen leid?

SERGIUS *mit berechneter Emphase, kreuzt seine Arme:* Mir tut n i e m a l s etwas leid, Luka!

LUKA *resigniert:* Ich wollte, das könnte ich glauben! Daß ein Mann so anders sein kann als eine Frau! Ich weiß nicht, ob Sie wirklich ein so tapferer Mann sind.

SERGIUS *natürlich, ohne Stolz:* Doch. Ich bin ein tapferer Mann. Beim ersten Schuß ist mein Herz gehüpft wie das einer Frau. Aber als wir dann angriffen, stellte ich fest, daß ich Mut habe. Da wenigstens stimmt es bei mir.

LUKA Und haben Sie bei diesem Angriff festgestellt, daß die Söhne armer Leute weniger mutig waren als reiche Leute wie Sie?

SERGIUS *leichthin, aber bitter:* Keineswegs. Sie haben gekämpft und geflucht und gebrüllt wie Helden. Aber der Mut, sich zu schlagen und zu töten, ist billig. Ich habe einen englischen Bullterrier, der genau den gleichen Mut hat wie die bulgarische Nation und die russische Nation noch dazu. Aber von meinem Stallknecht läßt er sich trotzdem prügeln. Genau wie unsere Soldaten. – Nein, Luka: deine armen Leute können Hälse abschneiden. Aber vor ihren Offizieren haben sie Angst. Die lassen sich jede Beleidigung und jede Ohrfeige gefallen. Sie sehen zu, wenn jemand anders bestraft wird, wie die Kinder, und wenn der Offizier befiehlt, dabei zu helfen, dann helfen sie auch noch. Und die Offiziere! *Mit einem kurzen bitteren Lachen.* Ich bin Offizier. *Mit Pathos.* Den Mann möchte ich sehen, der sich allen Mächten im Himmel und auf der Erde entgegenstellt, wenn es gegen seinen Willen oder sein Gewissen geht. Nur der wäre ein wirklich mutiger Mann.

LUKA Sie haben leicht reden. Überhaupt: manchmal denke ich, Männer werden nie erwachsen. Sie haben Ideen wie Schulkinder. Was wirklicher Mut ist, das wissen Sie gar nicht.

SERGIUS *ironisch:* So? Dann kannst du es mir vielleicht erklären. *Er setzt sich breit und in Erwartung auf die Ottomane.*

LUKA Sehen Sie mich an! Wieviel eigenen Willen erlaubt man mir? Ich muß das Zimmer für Sie aufräumen, fegen, Staub wischen, heben, tragen, laufen. Wie sollte mich aber das alles erniedrigen, wenn es Sie nicht erniedrigt, das alles von mir zu verlangen! *Mit verhaltener Leidenschaft.* Aber wenn ich die Zarin von Rußland wäre, das Höchste in der Welt – dann – Sie denken, ich hätte keinen Mut – aber ich würde es Ihnen zeigen! Sie sollten mal sehen!

SERGIUS Was würdest du dann tun, Kaiserliche Hoheit!?

LUKA Ich würde den Mann heiraten, den ich liebe. Keine Kaiserin in ganz Europa hat den Mut, das zu tun. Sie wären dann unter meinem Stand, so wie ich jetzt unter Ihrem Stand bin, aber ich würde Sie heiraten und mich meinen Untergebenen gleichstellen. Würden Sie das etwa wagen, wenn Sie mich liebten? Nein: Sie würden so eine Liebe gar nicht erst aufkommen lassen, Sie würden gleich am Anfang etwas dagegen tun. Sie würden das gar nicht erst wagen, sondern ein reiches Mädchen heiraten, weil Sie Angst hätten, daß die Leute schlecht über Sie reden.

SERGIUS *getroffen:* Du lügst. Das ist nicht wahr! Weiß Gott nicht! Wenn ich dich liebte, und wäre ich der Zar selbst, ich würde dich neben mich auf den Thron setzen. Aber du weißt ja, daß ich eine andere liebe, und zwar eine Frau, die so hoch über dir steht, wie der Himmel über der Erde. Und du bist nur eifersüchtig.

LUKA Dazu habe ich gar keinen Grund. Fräulein Raina heiratet Sie ohnehin nicht. Der Mann, von dem ich Ihnen erzählt habe, ist ja wieder da. Sie wird den Schweizer heiraten.

SERGIUS *fällt aus allen Wolken:* Den Schweizer?

LUKA Der ist zehnmal soviel wert wie Sie. Dann können Sie zu mir kommen. Aber ich werde Sie abweisen. Sie sind nicht gut genug für mich. *Sie wendet sich zur Tür.*

SERGIUS *ist mit einem Satz bei ihr und reißt sie wild in seine Arme:* Ich werde den Schweizer töten. Und mit dir werde ich tun, was mir gefällt.

LUKA *in seinen Armen, passiv und gelassen:* Vielleicht wird aber auch der Schweizer S i e töten. In der Liebe hat er Sie besiegt. Vielleicht besiegt er Sie auch im Krieg.

SERGIUS *gequält:* Meinst du, das glaube ich dir? Sie, deren schlimmste Gedanken besser sind als deine besten, sollte sich hinter meinem Rücken mit einem anderen Mann eingelassen haben?

LUKA Meinen Sie etwa, sie würde dem Schweizer glauben, wenn er ihr jetzt erzählte, daß ich in Ihrem Arm bin?

SERGIUS *läßt sie los, in Verzweiflung:* Verdammt – verdammt! Ich finde mich da nicht mehr zurecht. Alles, was ich g l a u b e, wird in den Schmutz gezogen von allem, was ich t u e. *Er schlägt sich auf die Brust.* Lügner, Narr, Feigling! Soll ich mich töten wie ein Mann oder leben bleiben und so tun, als sei alles zum Lachen?

Luka wendet sich wieder zum Gehen.

Luka!

Sie bleibt an der Tür stehen.

Vergiß nicht: du gehörst mir!

LUKA *wendet sich zu ihm:* Und was hat das zu bedeuten? Eine Beleidigung?

SERGIUS *kommandiert:* Es hat zu bedeuten, daß du mich liebst und daß ich dich hier in meinen Armen gehalten habe und vielleicht wieder halten werde. Ob das eine Beleidigung ist, weiß ich nicht, und es ist mir auch gleichgültig. Nimm es wie du willst. Aber *heftig* ich will kein Feigling sein und kein Lügner. Wenn ich mich entschließe, dich zu lieben, dann wage ich es auch, dich zu heiraten, und wenn ganz Bulgarien gegen mich aufsteht. Wenn diese Hände dich jemals wieder berühren, dann berühren sie meine Braut.

LUKA Wir wollen sehen, ob Sie es wagen, Ihr Wort zu halten. Und entscheiden Sie sich. Lange warte ich nämlich nicht.

SERGIUS *faltet wieder die Arme vor der Brust und steht bewegungslos im Zimmer:* Jawohl. Wir werden sehen. Und du wirst warten, solange es mir behagt.

Bluntschli, sehr beschäftigt, mit seinen Papieren immer noch in der Hand, kommt herein. Er läßt die Tür für Luka offen. Er geht zum Tisch, sieht Luka kurz an, während er an ihr vorbeigeht. Sergius, ohne seine resolute Haltung zu ändern, beobachtet ihn scharf. Luka geht und läßt die Tür offen.

BLUNTSCHLI *abwesend, setzt sich an den Tisch wie zuvor und nimmt seine Papiere vor:* Ein sehr hübsches Mädchen übrigens, diese Kleine.

SERGIUS *mit Gewicht, bewegungslos:* Hauptmann Bluntschli!

BLUNTSCHLI Ja?

SERGIUS Sie haben mich betrogen. Sie sind mein Rivale. Rivalen dulde ich nicht. Um sechs Uhr erwarte ich Sie auf dem Exerzierplatz an der Straße nach Klissura. Allein, zu Pferd, mit meinem Säbel. Verstehen Sie?

BLUNTSCHLI *sieht ihn distanziert an, völlig ruhig:* Danke. Aber das ist eine typische Kavalleristen-Forderung. Ich bin bei der Artillerie. Und ich darf die Waffen wählen. Wenn ich komme, bringe ich ein Maschinengewehr mit. Und diesmal werde ich auch die richtige Munition bei mir haben!

SERGIUS *wird rot, spricht mit tödlicher Kälte:* Nehmen Sie sich in acht, Herr Hauptmann. Bei uns in Bulgarien ist es nicht üblich, über diese Art von Aufforderung zu spaßen.

BLUNTSCHLI *freundlich:* Ach, reden Sie mir doch nicht von Bulgarien. Sie wissen ja gar nicht, was kämpfen überhaupt heißt. Aber wie Sie wünschen. Nehmen Sie ruhig Ihren Säbel mit. Ich werde da sein.

SERGIUS *von diesem Kooperationsgeist entzückt:* Wohl gesprochen, Schwyzer! Ich leihe Ihnen auch mein bestes Pferd.

BLUNTSCHLI Bleiben Sie mir bloß mit Ihrem Pferd vom Leibe. Trotzdem, vielen Dank, mein Junge.

Raina tritt ein und hört den nächsten Satz.

Ich fechte lieber auf meinen beiden Beinen. Im Sattel ist es mir zu gefährlich. Ich möchte Sie nach Möglichkeit am Leben lassen.

RAINA *tritt zwischen sie, zutiefst verstört:* Ich habe gehört, was der Hauptmann gesagt hat, Sergius. Ein Duell! Warum?

Sergius wendet sich schweigend ab und geht zum Kamin, wo er beobachtend stehenbleibt. Sie fragt Bluntschli.

Um was geht es denn?

BLUNTSCHLI Keine Ahnung. Das hat er mir nicht anvertraut! Aber mischen Sie sich lieber nicht ein, gnädiges Fräulein. Es wird nichts geschehen. Ich bin ausgebildeter Fechtlehrer. Er wird mich gar nicht erst berühren, und ich werde ihm nicht weh tun. Jedenfalls erspart es Erklärungen. Morgen früh fahre ich nach Hause. Sie werden mich nie wiedersehen und nie mehr von mir hören. Sie und er werden dann alles klären und glücklich miteinander leben bis ins hohe Alter.

RAINA *wendet sich ab, zutiefst verletzt, sie erstickt ein Schluchzen:* Ich habe ja auch gar nicht gesagt, daß ich Sie jemals wiedersehen wollte.

SERGIUS *tritt nach vorn:* Ah – das ist ein Geständnis.

RAINA *mit Würde:* Wie meinen Sie das?

SERGIUS Sie lieben diesen Mann!!

RAINA *empört:* Sergius!

SERGIUS Hinter meinem Rücken sind Sie mit ihm beisammen gewesen, so wie Sie mich hinter seinem Rücken als Verlobten behandeln. Bluntschli: Sie haben von dieser Verlobung gewußt. Sie haben mich betrogen. Das ist es, wofür Sie büßen sollen, nicht weil Sie eine Gunst genossen haben, die i c h nicht genossen habe.

BLUNTSCHLI *erhebt sich ärgerlich:* Unsinn! Ich habe keinerlei ›Gunst genossen‹! Die junge Dame weiß ja noch nicht einmal, ob ich verheiratet bin oder nicht.

RAINA *verliert ihre Fassung:* Oooh –! *Sinkt auf die Ottomane.* S i n d Sie – – –?

SERGIUS Sehen Sie, Bluntschli? Das ist ihr keineswegs gleichgültig. Sie können es nicht leugnen. Sie hatten das Privileg, von ihr in ihrem eigenen Zimmer empfangen zu werden, spät nachts ...

BLUNTSCHLI *unterbricht ihn energisch:* Jawohl, Sie Schwachkopf, sie hat mich empfangen, meine Pistole an ihrem Kopf. Ihre Kavallerie war mir auf den Fersen. Ich hätte ihr ein Loch in den Kopf geschossen, wenn sie einen Ton von sich gegeben hätte.

SERGIUS *fassungslos:* Bluntschli! – Raina: ist das wahr?

RAINA *erhebt sich in zorniger Würde:* Wie können Sie es überhaupt wagen – –!

BLUNTSCHLI So, und jetzt entschuldigen Sie sich gefälligst bei der Dame! *Setzt sich wieder an den Tisch.*

SERGIUS *in der gewohnten Art, die Arme verschränkt:* Ich entschuldige mich niemals!

RAINA *wütend:* Das hat er von Ihrem Freund, Hauptmann Bluntschli. Der hat überall diese furchtbare Geschichte über mich verbreitet. *Sie geht erregt im Zimmer hin und her.*

BLUNTSCHLI Nein. Der ist tot. Lebendig verbrannt.

RAINA *bleibt stehen, tonlos:* Lebendig ver – – –?

BLUNTSCHLI In einem Holzlager in die Hüfte geschossen. Konnte nicht mehr heraus. Ihre Leute haben das Lager in Brand geschossen und ihn verbrannt. Zusammen mit ein paar anderen Verwundeten.

RAINA Entsetzlich!

SERGIUS Und sinnlos! Ja, der Krieg, dieser Krieg! Der Traum aller Patrioten und Helden. Alles Schwindel, Bluntschli! Alles Betrug. Wie die Liebe.

RAINA *zutiefst empört:* Wie die Liebe! Und das sagen Sie von m i r !

BLUNTSCHLI Lassen wir das, Saranoff. Die Sache ist erledigt.

SERGIUS Betrug, sage ich. Bluntschli, wären Sie etwa wieder hierhergekommen, wenn zwischen Ihnen und Raina nichts geschehen wäre als eine Drohung mit der Pistole? Raina irrt sich. Ich weiß es nicht von Ihrem Freund, der verbrannt ist. Ich habe es aus einer anderen Quelle.

RAINA Von wem denn dann? *Plötzlich ahnt sie die Wahrheit.* Ach so – ich weiß: von Luka natürlich! Von dem Dienstmädchen. Gewiß, Sie waren ja heute morgen mit ihr zusammen, nachdem – s o sieht also der Held aus, den ich angebetet habe.

Er begegnet ihrem Blick und genießt die Entzauberung. Dadurch in ihrem Ärger noch gesteigert, tritt sie näher an ihn heran und spricht in einem leiseren intensiveren Ton.

Ich habe nämlich aus dem Fenster gesehen, als ich hinaufging, um mir meinen Helden von oben anzusehen, und habe etwas gesehen, was ich nicht verstanden habe. Aber jetzt verstehe ich es: Sie haben sich an Luka herangemacht –

SERGIUS *mit grimmiger Ironie:* Sie haben es also gesehen?

RAINA Genau. Zu genau. *Sie wendet sich ab und wirft sich auf den Fenstersitz, von Empörung überwältigt.*

SERGIUS *zynisch:* Liebe Raina, unsere Liebe ist zu Ende. Das Leben ist eine Farce.

BLUNTSCHLI *zu Raina:* Sehen Sie? Schließlich hat er sich doch noch selbst durchschaut.

SERGIUS *stellt sich vor Bluntschli auf:* Bluntschli: Sie haben mich einen Schwachkopf genannt. Ich habe es hingehen lassen. Meinetwegen dürfen Sie mich jetzt auch noch einen Feigling nennen. Das Duell findet nicht statt. Und wissen Sie, warum nicht?

BLUNTSCHLI Nein, aber das macht nichts. Ich habe Sie ja schließlich auch nicht gefragt, warum es stattfinden sollte. Und deshalb frage ich auch jetzt nicht. Ich bin Berufssoldat. Ich schlage mich, wenn es sein muß, und bin sehr froh, mich nicht schlagen zu müssen, wenn es nicht sein muß. Sie sind ein Amateur: Sie denken, kämpfen sei ein Vergnügen.

SERGIUS *setzt sich an die andere Seite des Tisches, das Gesicht sehr nah bei dem Bluntschlis:* Ich werde Ihnen den

Grund erklären, ob Sie wollen oder nicht, Herr Berufssoldat. Der Grund ist der: zu einem Zweikampf gehören z w e i Männer, und zwar richtige Männer, mit Ehrgefühl, mit Herz und von Geblüt! Mit Ihnen könnte ich so wenig kämpfen, wie ich eine häßliche Frau lieben kann. Sie haben einfach keine – keine Ausstrahlung. Sie sind gar kein Mann. Sie sind eine Maschine.

BLUNTSCHLI *bedauernd:* Völlig richtig, völlig richtig. Ich bin immer so gewesen, es tut mir leid. Aber jetzt, da Sie herausgefunden haben, daß das Leben eben doch keine Farce ist, sondern ganz vernünftig und ernsthaft sein kann, was stellt sich da noch Ihrem Glück entgegen?

RAINA *steht auf:* Sie sind sehr besorgt um mein Glück und seines. Sie vergessen dabei aber seine neue Liebe, nämlich Luka. Sein Rivale sind daher nicht Sie, sondern Nikola.

SERGIUS *fährt wie von der Tarantel gestochen hoch:* Nikola!

RAINA Wußten Sie denn nicht, daß die beiden verlobt sind?

SERGIUS Nikola! Öffnen sich denn immer neue Abgründe?!

RAINA *sarkastisch:* Ein empörendes Opfer, nicht wahr? Diese Schönheit! Dieser Geist! Diese Erhabenheit! Und alles soll an einen ältlichen Diener verschwendet werden. Wirklich, Sergius! Das dürfen Sie nicht zulassen. Sie müssen eingreifen. Das sind Sie sich selbst schuldig.

SERGIUS *verliert seine Selbstkontrolle:* Sie Schlange! Sie Ekel! *Er läuft wütend im Zimmer umher.*

BLUNTSCHLI Ja, lieber Saranoff, ich fürchte, da ziehen Sie den kürzeren.

RAINA Verstehen Sie, was er getan hat, Herr Hauptmann?

Er hat das Mädchen als Spionin gewonnen, und als Lohn dafür gibt es einen Kuß im Garten.

SERGIUS Gelogen! Das ist ungeheuerlich!

RAINA Ungeheuerlich? *Spielt aus.* Leugnen Sie, daß sie es war, die Ihnen von Hauptmann Bluntschli erzählt hat?

SERGIUS Das nicht. Aber –

RAINA *unterbricht:* Leugnen Sie, daß sie Ihnen ungebührlich nahe war, als sie es Ihnen erzählte?

SERGIUS Nein, aber ich sage Ihnen doch ...

RAINA *unterbricht, in tiefster Verachtung:* Sie brauchen uns gar nichts mehr zu sagen. Es genügt völlig. *Sie wendet sich ab und rauscht zurück zum Fenster.*

BLUNTSCHLI *unbeirrt zu Sergius, der völlig entgeistert auf die Ottomane sinkt und den Kopf zwischen den Händen hält:* Ich habe Sie gewarnt, Saranoff. Sie ziehen den kürzeren.

SERGIUS Giftschlange!

RAINA *springt auf und rennt zu Bluntschli:* Haben Sie gehört, wie dieser Herr mich nennt, Herr Hauptmann?

BLUNTSCHLI Was sollte er sonst tun, Fräulein? Irgendwie muß er sich ja wohl Luft schaffen. Aber lassen wir das jetzt! *Mit sanfter Überredung.* Genug mit dem Streit! Es hat doch keinen Zweck.

Raina setzt sich erschöpft auf die Ottomane, und nach einem vergeblichen Versuch, Bluntschli strafend anzusehen, wird sie das Opfer ihres Humors und lehnt sich tatsächlich wie ein Kind gegen Sergius, der sich windet, um ihr die Schulter zu entziehen.

SERGIUS Verlobt mit Nikola! Ja – Sie haben wohl recht, Bluntschli, wenn Sie diese Welt mit Gelassenheit nehmen. Sie ist eine Zumutung.

RAINA *im Scherz zu Bluntschli, versucht, seine Gedanken zu lesen:* Gewiß halten Sie uns für völlig kindisch?

SERGIUS *mit grimmiger Ironie:* Natürlich tut er das. Schweizer Zivilisation nimmt sich bulgarischer Barbarei an, wie?

BLUNTSCHLI *ertappt:* Aber keineswegs. Ich versuche ja nur, Sie beide ein wenig zu beruhigen. – Also jetzt wollen wir uns mal nicht aufregen und die Sache freundschaftlich klären. Wo ist diese andere junge Dame?

RAINA *grinst vor Genugtuung:* Höchstwahrscheinlich horcht sie an der Tür.

SERGIUS *zuckt zusammen, als habe ihn eine Kugel getroffen, spricht aber mit ruhiger Empörung:* Das ist eine Verleumdung. Und ich werde es beweisen.

Würdevoll schreitet er zur Tür und öffnet sie. Dort entfährt ihm ein Ausdruck der Wut, er schießt hinaus in den Gang, kommt zurück und zieht Luka hinter sich her, wirft sie gegen den Tisch.

Bluntschli, sprechen Sie das Urteil aus. Sie sind kühl und unparteiisch. Was soll man mit der da anfangen!

Luka behauptet sich, sie bleibt stehen, stolz und schweigend.

BLUNTSCHLI *schüttelt den Kopf:* Ich kann darüber nicht richten. Ich habe selbst einmal gehorcht, durch die Wand eines Zeltes. Drinnen wurde eine Meuterei geplant. Der Grad der Schuld hängt wohl davon ab, was auf dem Spiel steht. Damals stand natürlich mein Leben auf dem Spiel.

LUKA Hier steht meine Liebe auf dem Spiel. Ich schäme mich nicht.

RAINA *mit Verachtung:* Deine Liebe! Deine Neugier, meinst du!

LUKA *wendet sich zu Raina und gibt ihre Verachtung mit Zinsen zurück:* Meine Liebe ist jedenfalls stärker als irgend etwas, was S i e empfinden können, sogar für Ihren Schokoladensoldaten.

SERGIUS *mit flammendem Verdacht zu Luka:* Was hat das zu bedeuten?

LUKA *entschlossen:* Es bedeutet, daß – –

SERGIUS *unterbricht, mit sinkendem Interesse:* Ach, ich verstehe – die Eistorte. Dieser Hieb trifft daneben, Luka. *Major Petkoff tritt auf in Hemdsärmeln.*

PETKOFF Bitte entschuldigen Sie die Hemdsärmel, meine Herren. Raina, irgend jemand muß diesen Rock getragen haben, da bin ich sicher. Und zwar jemand, dessen Rücken anders ist als meiner. Am Ärmel ist er aufgeplatzt. Deine Mutter näht ihn soeben wieder zu. Ich hoffe, sie beeilt sich. Ich werde mich noch erkälten. *Er sieht einen nach dem anderen an.* Ist irgend etwas geschehen?

RAINA Nein. *Sie setzt sich an den Ofen und ist still.*

SERGIUS Ich wüßte jedenfalls nicht was. *Er setzt sich an den Tisch.*

BLUNTSCHLI *bleibt sitzen:* Keineswegs, keineswegs.

PETKOFF *läßt sich auf die Ottomane nieder:* Dann ist ja alles gut. *Er sieht Luka.* Ist irgend etwas los, Luka?

LUKA Nein, gnädiger Herr.

PETKOFF *zufrieden:* Na, dann ist ja alles in Ordnung. *Er niest.* Luka, sei so lieb und bitte meine Frau, dir meinen Rock zu geben!

Nikola kommt mit dem Rock. Luka tut, als habe sie das Zimmer aufzuräumen. Sie stellt den kleinen Tisch mit der Wasserpfeife an die Wand neben das Fenster.

RAINA *sieht den Rock an Nikolas Arm:* Hier ist er schon,

Papi. Gib ihn mir, Nikola. Lege du etwas mehr Holz aufs Feuer!

Sie nimmt den Rock und bringt ihn dem Major, der aufsteht, um ihn anzuziehen. Nikola kümmert sich ums Feuer.

PETKOFF *zu Raina, gutmütig neckisch:* Ah – man ist mal wieder nett zu seinem alten Vater, jetzt wo er aus dem Krieg zurück ist, wie?

RAINA *vorwurfsvoll:* Wie kannst du so etwas sagen, Papi!

PETKOFF Ist ja nur Spaß, mein Kind. Komm, gib mir einen Kuß!

Sie küßt ihn.

Und jetzt gib mir den Rock!

RAINA Nein, ich helfe dir, ihn anzuziehen! Dreh dich um!

Er dreht sich um und tastet blind mit den Armen nach den Ärmeln. Sie nimmt geschickt und schnell die Fotografie aus der Tasche, wirft sie vor Bluntschli auf den Tisch, der sie mit einem Blatt Papier bedeckt. Sergius beobachtet diesen Akt, sein Argwohn ist aufs höchste gesteigert. Raina hilft Petkoff in den Rock.

Na, bist du jetzt zufrieden, Papi?

PETKOFF Glücklich, mein Kind, restlos glücklich!

Er setzt sich. Raina kehrt zu ihrem Sitz zurück.

Ach, übrigens habe ich etwas Seltsames gefunden. Was mag das bedeuten? *Er sucht mit der Hand in der Tasche.*

Na, wo ist denn ...? *Versucht die andere Tasche.* Ich hätte doch schwören können ... *Versucht die Brusttasche.*

Aber das ist ja ... *Versucht wieder die erste Tasche.*

Wo kann denn das ...? *Hat die Lösung.* Deine Mutter wird es herausgenommen haben.

RAINA *in Not:* Was?

PETKOFF Deine Fotografie mit der Unterschrift: ›Als Andenken an ihren Schokoladensoldaten, Raina‹. Da muß doch etwas dahinterstecken. Und ich möchte gern herausfinden, was. *Ruft.* Nikola!

NIKOLA *geht zu ihm:* Gnädiger Herr?

PETKOFF Sag mal, hast du wirklich heute morgen Fräulein Rainas Eistorte zerstört?

NIKOLA Fräulein Raina hat es Ihnen doch selbst gesagt, gnädiger Herr.

PETKOFF Das weiß ich, du Hornochse. Aber ist es auch wahr?

NIKOLA Ich bin sicher, daß Fräulein Raina nicht imstande ist, eine Unwahrheit zu sagen, gnädiger Herr.

PETKOFF So? Du bist sicher? Ich nicht. *Wendet sich an die anderen.*
Ich durchschaue alles. *Er geht zu Sergius und schlägt ihm auf die Schulter.* Der Schokoladensoldat bist du natürlich.

SERGIUS *entrüstet:* Ein Schokoladensoldat?! Nein, das bin ich nicht.

PETKOFF Nicht?
Er sieht sich um. Alle sind sehr ernst.
Willst du etwa sagen, daß Raina so etwas an einen anderen Mann geschickt hat?

SERGIUS *kryptisch:* Die Welt ist eben kein solch unschuldiger Platz, wie wir immer geglaubt haben, Petkoff.

BLUNTSCHLI *steht auf:* Ich will Sie aufklären, Major. I c h bin der Schokoladensoldat.
Petkoff und Sergius sind gleich erstaunt.
Die liebenswürdige junge Dame hat mein Leben gerettet, indem sie mich mit Schokolade gefüttert hat, als ich am

Verhungern war. Den Geschmack werde ich übrigens niemals vergessen. Mein Freund Stolz hat Ihnen ja die Geschichte in Pirot bereits erzählt. Ich war der Soldat auf der Flucht.

PETKOFF *schnappt nach Luft:* Sie! Sergius! Du erinnerst dich, wie diese beiden Damen sich heute morgen aufgeregt haben, als wir die Geschichte erzählten!

Sergius lächelt zynisch, Petkoff stellt sich streng vor Raina auf.

Du bist mir ja ein nettes Früchtchen. Das hätte ich denn doch nicht von dir gedacht.

RAINA *bitter:* Major Saranoff hat es sich anders überlegt. Und als ich die Fotografie unterschrieb, wußte ich noch nicht, daß Hauptmann Bluntschli verheiratet ist.

BLUNTSCHLI *protestiert heftig:* Ich bin doch gar nicht verheiratet!

RAINA *sehr vorwurfsvoll:* Aber das haben Sie gesagt.

BLUNTSCHLI Ich?! Ich habe nichts dergleichen gesagt. Ich bin in meinem ganzen Leben noch niemals verheiratet gewesen.

PETKOFF *verliert allmählich die Geduld:* Raina! Wenn es nicht zu viel verlangt ist, möchte ich dich bitten, mir zu sagen, mit welchem dieser beiden Herren du verlobt bist.

RAINA Mit keinem von beiden. *Zieht Luka hervor.* Dieses junge Mädchen ist, zumindest im Augenblick, Gegenstand der Zuneigung des Herrn Major Saranoff.

Luka schweigt stolz und eigensinnig.

PETKOFF Luka?! Bist du verrückt, Sergius? Das Mädchen ist doch mit Nikola verlobt.

NIKOLA Wenn ich mir ein Wort erlauben darf, gnädiger Herr: Luka ist mit mir nicht verlobt.

PETKOFF Mit dir nicht verlobt, du Lump? Fünfundzwanzig Lewa habe ich dir am Tag deiner Verlobung geschenkt. Und sie hat von Fräulein Raina das goldene Armband bekommen.

NIKOLA *kühl und salbungsvoll:* Es schien uns opportun, diese Version zu verbreiten, gnädiger Herr. Luka brauchte einen gewissen Schutz. Sie ist zu Höherem geboren, und ich habe ihr als Vertrauter gedient. Wie Sie wissen, gnädiger Herr, möchte ich ein Geschäft in Sofia eröffnen, und ich verspreche mir viel von ihrer Kundschaft und ihren Empfehlungen, sollte sie in die vornehme Welt heineinheiraten.

Würdevoll und gelassen verläßt er den Raum, die anderen starren hinter ihm her.

PETKOFF *bricht das Schweigen:* Also, ich muß schon sagen ...

SERGIUS Das ist entweder höchster Heroismus oder übelste Speichelleckerei. Was von beiden ist es, Bluntschli?

BLUNTSCHLI Welches es auch sei: Nikola ist der fähigste Mann, den ich in Bulgarien kennengelernt habe. Den mache ich zum Hoteldirektor, wenn er Englisch und Französisch lernt.

LUKA *plötzlich ausbrechend, gegen Sergius:* Jetzt bin ich aber wirklich von allen hier beleidigt worden. Sie haben das Beispiel gegeben. Sie müssen sich bei mir entschuldigen!

Sergius macht die für ihn typische Bewegung, er verschränkt die Arme.

BLUNTSCHLI *bevor Sergius etwas sagt:* Da warten Sie vergebens. Er entschuldigt sich nie.

LUKA Gewiß nicht vor Ihnen. Sie kommen aus demselben Stall und sind außerdem sein Feind. Aber vor mir, seiner armen Dienerin, wird er sich entschuldigen.

SERGIUS *beeindruckt:* Du hast recht. *Er geht zeremoniell auf die Knie.* Verzeih mir!

LUKA Ich verzeihe Ihnen. *Sie gibt ihm zögernd ihre Hand, die er küßt.* Diese Berührung macht mich zu Ihrer Braut.

SERGIUS *springt auf:* Ach so, das hatte ich ganz vergessen.

LUKA *kalt:* Sie können Ihr Wort zurücknehmen, wenn Sie wollen.

SERGIUS Zurücknehmen? Ich?! Niemals! Du gehörst mir! *Er legt seinen Arm um ihre Schultern.*

Katharina tritt ein, findet Luka in Sergius' Arm und die anderen, wie sie fassungslos das Paar anstarren.

KATHARINA Was hat denn das zu bedeuten?

Sergius läßt Luka los.

PETKOFF Also, meine Liebe, wenn ich die Sache richtig sehe, heiratet Sergius nicht Raina sondern Luka.

Katharina ist im Begriff, ihm empört ins Wort zu fallen, aber er kommt ihr zuvor.

Es ist nicht m e i n e Schuld. Ich habe mit dieser Angelegenheit nicht das Geringste zu tun! *Er zieht sich hinter den Ofen zurück.*

KATHARINA Luka heiraten! Sergius! Sie haben uns Ihr Wort gegeben! Sie sind gebunden!

SERGIUS *verschränkt die Arme:* Mich bindet nichts!

BLUNTSCHLI *beeindruckt von dieser Demonstration gesunden Menschenverstands:* Saranoff, Ihre Hand! Ich gratuliere Ihnen. Ihre heroischen Anwandlungen haben eben doch auch ihren praktischen Wert. *Zu Luka.* Mein sehr verehrtes junges Fräulein. Ein eingefleischter Republikaner wünscht Ihnen Glück!

Zu Rainas Entrüstung küßt er Luka die Hand. Dann kehrt er an seinen Platz zurück.

KATHARINA Luka, du hast schon wieder über uns geredet.

LUKA Ich habe Raina nichts Böses getan.

KATHARINA *entrüstet:* Raina!

Auch Raina gibt ihrer Entrüstung über diese Freiheit Ausdruck.

LUKA Ich habe das Recht, sie Raina zu nennen. Sie nennt mich Luka. Ich habe Major Saranoff nur gesagt, daß sie ihn nicht heiraten würde, wenn der Schweizer jemals zurückkäme.

BLUNTSCHLI *überrascht, steht auf:* Wie bitte?

LUKA *zu Raina:* Ich dachte, Sie mögen ihn lieber als Sergius. Sie müssen ja am besten wissen, ob ich recht habe oder nicht.

BLUNTSCHLI Das ist doch alles Unsinn. Herr Major, gnädige Frau, seien Sie versichert, daß Ihre Tochter nichts weiter mit mir getan hat als mein Leben gerettet. Gewiß macht sie sich nichts aus mir. Das liegt doch auf der Hand. Sehen Sie die junge Dame an und sehen Sie mich an. Sie reich, jung, schön, mit einer blühenden Phantasie, und Träumen von Märchenprinzen, edlen Gestalten, Kavallerie-Attacken und was es sonst noch so gibt. Und ich, ein ganz gewöhnlicher Schweizer Soldat, der nach fünfzehn Jahren Soldatendasein kaum noch weiß, wie man ein anständiges Leben führt. Ein Vagabund, ein Mann, der sich alle Chancen im Leben verdorben hat, mit seiner unheilbaren romantischen Veranlagung – ein Mann, der ...

SERGIUS *fährt hoch und unterbricht Bluntschli in höchstem Erstaunen:* Augenblick mal, Bluntschli! W a s – sagten Sie – hat Ihre Chancen im Leben verdorben?

BLUNTSCHLI Eine unheilbare romantische Veranlagung. Zweimal bin ich als Kind von zu Hause durchgebrannt. Ich bin zum Militär gegangen anstatt ins Geschäft meines Vaters. Ich bin hier den Balkon heraufgeklettert. Jeder vernünftige Mann hätte sich im nächsten Keller verkrochen. Ich habe mich hierhergeschlichen, um mir die junge Dame noch einmal anzusehen. Jeder vernünftige Mensch in meinem Alter hätte den Rock einfach zurückgeschickt – –

PETKOFF Meinen Rock!

BLUNTSCHLI Sehr richtig, das ist genau der Rock, den ich meine. Jeder einigermaßen vernünftige Mensch hätte ihn zurückgeschickt und sich still davongemacht. Bin ich etwa der Typ eines Mannes, in den sich junge Mädchen verlieben? Allein der Altersunterschied! Ich bin vierunddreißig. Die junge Dame dürfte wenig über siebzehn sein.

Diese Feststellung stößt auf höchstes Erstaunen. Alle anderen sehen einander an. Er fährt ungerührt fort.

Für mich war es ein Abenteuer auf Leben und Tod, aber für sie war es ein Kinderspiel – Versteckspiel und Pralinen. Hier der Beweis! *Er nimmt die Fotografie vom Tisch.*

Ich bitte Sie, eine junge Dame, die es ernst meint, hätte keine solche Unterschrift verfaßt: ›Ein Andenken von Raina an ihren Schokoladensoldaten‹. *Demonstrativ zeigt er die Fotografie her, als habe er das endgültige unwiderlegbare Beweisstück in der Hand.*

PETKOFF Das war es doch, was ich gesucht habe, wie kommt es zu Ihnen? *Er kommt vom Ofen her, um es sich anzusehen, dann setzt er sich auf die Ottomane.*

BLUNTSCHLI *zu Raina, mit sich zufrieden:* Ich glaube, ich habe alles richtiggestellt. Oder nicht, mein Fräulein?

RAINA *geht zum Tisch hinüber und steht ihm gegenüber:* Was Sie betrifft, haben Sie recht. Sie sind ein romantischer Schwachkopf.

Bluntschli ist überrascht und beleidigt.
Ich hoffe, bis zum nächsten Mal können Sie ein siebzehnjähriges Schulmädchen von einer dreiundzwanzigjährigen Dame unterscheiden.

BLUNTSCHLI *höchst erstaunt:* Dreiundzwanzig!

Raina reißt ihm mit einer Geste der Verachtung die Fotografie aus der Hand, zerreißt sie und wirft ihm die Schnitzel ins Gesicht, dann rauscht sie an ihren alten Platz zurück.

SERGIUS *mit grimmigem Vergnügen am Unbehagen seines Rivalen:* Bluntschli, jetzt wankt auch schon mein letzter Glaube! Ihre ganze Weisheit ist ebensolcher Schwindel wie alles andere. Sie haben noch weniger Verstand als ich.

BLUNTSCHLI *noch nicht beruhigt:* Dreiundzwanzig! – Dreiundzwanzig! *Er überlegt.* Hmmm – *Entscheidet sich und stellt sich vor seinem Gastgeber auf.* In diesem Fall, Major Petkoff, möchte ich hiermit in aller Form um die Hand Ihrer Tochter anhalten, an Stelle des zurückgetretenen Majors Saranoff.

RAINA Das ist der Gipfel!

BLUNTSCHLI Wenn Sie wirklich schon dreiundzwanzig waren, als Sie mir heute nachmittag von sich erzählten, dann nehme ich alles ernst.

KATHARINA *höflich, aber von oben herab:* Verzeihen Sie, Herr Hauptmann, aber ich denke, Sie haben wohl kaum die soziale Stellung meiner Tochter und des Herrn Major berücksichtigt, dessen Nachfolge Sie anzutreten wünschen. Die Petkoffs und die Saranoffs sind als die reichsten und wichtigsten Familien unseres Landes bekannt. Unsere Namen sind bereits Geschichte, wir sehen bereits auf zwanzig Jahre zurück.

PETKOFF Das tut nichts zur Sache, Katharina. *Zu Bluntschli.*

Sie wären uns schon recht, Bluntschli, wenn es sich nur um Ihre Stellung handelte. Aber der Haken ist eben, daß Raina an einen hohen Lebensstandard gewöhnt ist. Sergius hält zwanzig Pferde.

BLUNTSCHLI Aber wer braucht denn zwanzig Pferde. Wir wollen doch schließlich keinen Zirkus eröffnen.

KATHARINA *streng:* Meine Tochter rechnet mit einem erstrangigen Reitstall, Herr Hauptmann.

RAINA Aber wirklich, Mama! Du machst mich ja lächerlich.

BLUNTSCHLI Also gut, wenn Sie schon von Besitz reden – dann rede ich mit. *Er springt zum Tisch, nimmt die Papiere im blauen Umschlag auf und wendet sich an Sergius.* Wie viele Pferde, sagten Sie?

SERGIUS Zwanzig, mein lieber Schweizer.

BLUNTSCHLI Ich habe zweihundert.

Alles verstummt.

Wie viele Kutschen?

SERGIUS Drei.

BLUNTSCHLI Ich habe siebzig. Vierundzwanzig davon haben Platz für zwölf Fahrgäste, zwei weitere können auf dem Bock sitzen. Kutscher und Kontrolleur nicht mitgezählt. Wie viele Tischdecken haben Sie?

SERGIUS Woher sollte ich das wissen!

BLUNTSCHLI Haben Sie viertausend?

SERGIUS Nein.

BLUNTSCHLI Aber ich. Ich habe neuntausendsechshundert Paar Leintücher und Bettdecken, zweitausendvierhundert Daunenkissen. Ich habe zehntausend Messer und Gabeln und dieselbe Anzahl von Dessertlöffeln. Ich habe dreihundert Angestellte, ich habe sechs palastartige Gebäude, dazu zwei Mietställe, einen Teegarten und ein Privathaus. Ich habe vier Medaillen für hervorragende Dienste. Ich habe den Rang eines Offiziers und den Stand eines Gentleman. Ich habe drei Muttersprachen. Jetzt bitte: zeigen Sie mir einen Mann in Bulgarien, der das gleiche bieten kann!

PETKOFF *zutiefst beeindruckt:* Sind Sie Kaiser der Schweiz?

BLUNTSCHLI Mein Rang ist der höchste der Schweiz. Ich bin ein freier Bürger.

KATHARINA In diesem Fall, Hauptmann Bluntschli, da Sie nun einmal die Wahl meiner Tochter sind ...

RAINA *aufsässig:* Das ist er ja gar nicht!

KATHARINA *ignoriert sie:* ... möchte ich Ihrem Glück nicht entgegenstehen.

Petkoff will sprechen.

Major Petkoff ist der gleichen Meinung.

PETKOFF Jawohl, ich freue mich sehr. Zweihundert Pferde – Donnerwetter!

SERGIUS Und was sagt die Dame?

RAINA *spielt die Beleidigte:* Die Dame sagt, daß er seine Tischtücher und Omnibusse behalten kann. Ich lasse mich nicht an den Meistbietenden verschachern.

BLUNTSCHLI Diese Antwort lasse ich nicht gelten. Ich bin zu Ihnen gekommen, als ich am Verhungern war, als Flüchtling, als Bettler. Sie haben mich aufgenommen. Sie haben mir Ihre Hand zum Kuß gegeben und Ihr Bett zum Schlafen und Ihr Dach zum Schutz.

RAINA Aber das habe ich nicht für den Kaiser der Schweiz getan.

BLUNTSCHLI Na, das meine ich doch! *Er nimmt sie bei den Schultern und wendet sie, daß sie ihm gegenübersteht.* Jetzt erzählen Sie uns, für wen Sie es getan haben.

RAINA *lächelt scheu und gegen ihren Willen:* Für meinen Schokoladensoldaten.

BLUNTSCHLI *lacht vergnügt:* Das wollte ich hören. Danke. *Er sieht auf die Uhr und steht bereits im Berufsleben.* Die Zeit ist um, Major. Sie haben diesen Transport so vorzüglich organisiert, daß man sich gewiß an Sie wenden wird, um diese Infanterieeinheiten in der Timok-Region abzubauen. Senden Sie die Leute über Lom Palanka! Saranoff: verschieben Sie Ihre Hochzeit, bis ich wieder hier bin. Ich werde Dienstag in vierzehn Tagen hier sein, und zwar pünktlich um fünf Uhr nachmittags. Meine verehrten Damen, *seine Absätze klappen zusammen* guten Abend!

Er macht eine militärische Verbeugung und ist weg.

SERGIUS Was für ein Mann! – Ist das ein Mann?

Zeittafel

1856	am 26. Juli in Dublin geboren
1871–1876	Büroangestellter bei einem Grundstücksmakler. Übersiedlung nach London, schlägt sich als kaufmännischer Angestellter, Klavierspieler und Journalist durch
1880–1883	Entstehung der Romane »The Irrational Knot« (Die törichte Heirat), »Love Among the Artists« (Künstlerliebe), »An Unsocial Socialist« (Der Amateursozialist)
1885–1894	Buchrezensionen, Kunst- und Musikkritiken
1891	»The Quintessence of Ibsenism«
1892	Uraufführung seines ersten Stückes »Widowers House« (Die Häuser des Herrn Sartorius) in London
1894	»Mrs. Warren's Profession« (Frau Warrens Gewerbe), »Arms and the Man« (Helden), »Candida«. Shaw wird Mitglied der sozialistischen Fabian Society, wird zu einem ihrer Führer
1897	»The Devil's Disciple« (Der Teufelsschüler). Uraufführung in New York
1898	»Caesar and Cleopatra«, »Captain Brassbound's Conversion« (Kapitän Brassbounds Bekehrung), »The Perfect Wagnerite« (Ein Wagner-Brevier)
1901–1903	»Man and Superman (Mensch und Übermensch)
1904	»John Bull's Other Island« (John Bulls andere Insel)
1905	»Major Barbara«
1906	»The Doctor's Dilemma« (Der Arzt am Scheideweg)
1911–1915	»Androcles and the Lion« (Androklus und der Löwe), »Pygmalion«, beide Stücke werden in deutscher Übersetzung uraufgeführt in Berlin bzw. Wien; Shaw wird Mitglied des akademischen Komitees der Royal Society of Literature
1913–1919	»Heartbreak House« (Haus Herzenstod)
1917	Reise nach Frankreich
1918–1920	»Back to Methuselah« (Zurück zu Methusalem)
1923	»Saint Joan« (Die heilige Johanna)
1926	Nobelpreis für Literatur
1928	»The Intelligent Woman's Guide to Socialism and Capitalism« (Wegweiser für die intelligente Frau zum Sozialismus und Kapitalismus)
1931	»Too True to be Good« (Zu wahr um schön zu sein). Reise nach Rußland

1932 Reise nach Südafrika. »The Adventures of the Black Girl in Her Search for God (Ein Negermädchen suchte Gott)

1933 Reise in die USA

1934 Weltreise. »The Simpleton of the Unexpected Isles« (Die Insel der Überraschungen)

1939 »The Good King Charles Golden Days« (Der gute König Karl), »Shaw Gives Himself away« später: »Sixteen Self Sketches« (Sechzehn selbstbiographische Skizzen)

1943 »Everbody's Political What's What« (Politik für jedermann)

1948 »Buoyant Billions«, Shaws letztes Stück, wurde in Zürich uraufgeführt

1950 am 2. November Tod in Ayot St. Lawrence

Verzeichnis
der suhrkamp taschenbücher

Eine Auswahl

Achternbusch: Alexanderschlacht 61
– Der Depp 898
– Servus Bayern 937
Adorno: Erziehung zur Mündigkeit 11
– Versuch, das ›Endspiel‹ zu verstehen 72
Alain: Die Pflicht, glücklich zu sein 859
Anders: Erzählungen. Fröhliche Philosophie 432
Ansprüche. Verständigungstexte von Frauen 887
Artmann: How much, schatzi? 136
– The Best of H. C. Artmann 275
Bachmann: Malina 641
Ball: Hermann Hesse 385
Ballard: Der ewige Tag 727
– Das Katastrophengebiet 924
Barnet: Der Cimarrón 346
Becher, Martin Roda: An den Grenzen des Staunens 915
Becker, Jurek: Irreführung der Behörden 271
– Jakob der Lügner 774
Beckett: Das letzte Band (dreisprachig) 200
– Endspiel (dreisprachig) 171
– Mercier und Camier 943
– Warten auf Godot (dreisprachig) 1
Bell: Virginia Woolf 753
Benjamin: Deutsche Menschen 970
– Illuminationen 345
Bernhard: Das Kalkwerk 128
– Frost 47
– Salzburger Stücke 257
Bertaux: Hölderlin 686
Bierce: Das Spukhaus 365
Bioy Casares:
– Die fremde Dienerin 962
– Morels Erfindung 939
Blackwood: Besuch von Drüben 411
– Das leere Haus 30
Blatter: Zunehmendes Heimweh 649
– Love me tender 883
Böni: Ein Wanderer im Alpenregen 671
Brasch: Der schöne 27. September 903
Braun, J. u. G.: Conviva Ludibundus 748
– Der Irrtum des Großen Zauberers 807
Braun, Volker: Das ungezwungene Leben Kasts 546
– Gedichte 499
Brecht: Frühe Stücke 201
– Gedichte 251
– Gedichte für Städtebewohner 640
– Geschichten von Herrn Keuner 16
– Schriften zur Gesellschaft 199
Brecht in Augsburg 297
Bertolt Brechts Dreigroschenbuch 87
Brentano: Theodor Chindler 892
Broch, Hermann: Werkausgabe in 17 Bdn.,
Buch: Jammerschoner 815
Carossa: Ungleiche Welten 521
– Der Arzt Gion 821

2/1/6.84

Carpentier: Die verlorenen Spuren 808
– Explosion in der Kathedrale 370
Celan: Atemwende 850
Chalfen: Paul Celan 913
Cioran: Syllogismen der Bitterkeit 607
Cortázar: Album für Manuel 936
– Die geheimen Waffen 672
Das sollten Sie lesen 852
Dick: UBIK 440
Die Serapionsbrüder von Petrograd 844
Dorst: Dorothea Merz 511
Dorst/Fallada: Kleiner Mann – was nun? 127
Dort wo man Bücher verbrennt 905
Eich: Ein Lesebuch 696
– Fünfzehn Hörspiele 120
Eliot: Die Dramen 191
Ellmann: James Joyce, 2 Bde. 473
Enzensberger: Gedichte 1955-1970 4
– Der kurze Sommer der Anarchie 395
– Der Untergang der Titanic 681
– Museum der modernen Poesie, 2 Bde. 476
– Politik und Verbrechen 442
Ewen: Bertolt Brecht 141
Federspiel: Paratuga kehrt zurück 843
– Der Mann, der Glück brachte 891
– Die beste Stadt für Blinde 979
Feldenkrais: Bewußtheit durch Bewegung 429
Fleißer: Ingolstädter Stücke 403
– Abenteuer aus dem Engl. Garten 925
Franke: Einsteins Erben 603
– Transpluto 841
– Ypsilon minus 358
Freund: Drei Tage mit J. Joyce 929
Fries: Das nackte Mädchen auf der Straße 577
Frisch: Andorra 277
– Der Mensch erscheint im Holozän 734
– Herr Biedermann / Rip van Winkle 599
– Homo faber 354
– Mein Name sei Gantenbein 286
– Montauk 700
– Stiller 105
– Tagebuch 1966-1971 256
– Wilhelm Tell für die Schule 2
Fuentes: Nichts als das Leben 343
Gandhi: Mein Leben 953
García Lorca: Über Dichtung und Theater 196
Ginzburg: Mein Familienlexikon 912
Goytisolo: Spanien und die Spanier 861
Gründgens' Faust 838
Handke: Chronik der laufenden Ereignisse 3
– Das Gewicht der Welt 500
– Die Angst des Tormanns beim Elfmeter 27
– Die linkshändige Frau 560
– Die Stunde der wahren Empfindung 452
– Der kurze Brief zum langen Abschied 172
– Falsche Bewegung 258
– Die Hornissen 416
– Langsame Heimkehr. Tetralogie. st 1069-1072
– Wunschloses Unglück 146

2/2/6.84

Hellman: Eine unfertige Frau 292
Hermlin: Lektüre 1960-1971 215
Hesse: Aus Indien 562
– Aus Kinderzeiten. Erzählungen Bd. 1 347
– Ausgewählte Briefe 211
– Demian 206
– Der Europäer. Erzählungen Bd. 3 384
– Der Steppenwolf 175
– Die Gedichte: 2 Bde. 381
– Die Märchen 291
– Die Nürnberger Reise 227
– Die Verlobung. Erzählungen Bd. 2 368
– Die Welt der Bücher 415
– Gedenkblätter 963
– Gertrud 890
– Das Glasperlenspiel 79
– Innen und Außen. Erzählungen Bd. 4 413
– Italien 689
– Klein und Wagner 116
– Kurgast 383
– Legenden 909
– Narziß und Goldmund 274
– Peter Camenzind 161
– Roßhalde 312
– Siddhartha 182
– Unterm Rad 52
Hermann Hesse – Eine Werkgeschichte von Siegfried Unseld 143
Hildesheimer: Mozart 598
– Stücke 362
Holmqvist (Hg.): Das Buch der Nelly Sachs 398
Horváth: Ein Lesebuch 742
– Geschichten aus dem Wiener Wald 835
– Jugend ohne Gott 1063
– Sladek 1052
Hrabal: Erzählungen 805
Innerhofer: Schöne Tage 349
Inoue: Die Eiswand 551
– Der Stierkampf 944
Johnson: Berliner Sachen 249
– Das dritte Buch über Achim 169
– Eine Reise nach Klagenfurt 235
– Zwei Ansichten 326
Joyce: Anna Livia Plurabelle 751
Kästner: Der Hund in der Sonne 270
Kaminski: Die Gärten des Mullay Abdallah 930
Kasack: Fälschungen 264
Kaschnitz: Ein Lesebuch 647
– Zwischen Immer und Nie 425
Kirchhoff: Einsamkeit der Haut 919
Kiss: Da wo es schön ist 914
Kluge: Lebensläufe, Anwesenheitsliste für eine Beerdigung 186
Koch: Jenseits des Sees 718
– See-Leben I 132
– Wechseljahre oder See-Leben II 412
Koeppen: Das Treibhaus 78
– Der Tod in Rom 241
– Reisen nach Frankreich 530
– Tauben im Gras 601
Koestler: Die Nachtwandler 579
Komm schwarzer Panther, lach noch mal 714
Komm: Die fünfte Dimension 971
Konrád/Szelényi: Die Intelligenz auf dem Weg zur Klassenmacht 726
Kracauer: Das Ornament der Masse 371
– Die Angestellten 13
Krolow: Ein Gedicht entsteht 95
Kühn: Die Präsidentin 858

2/3/6.84

– Und der Sultan von Oman 758
Kundera: Das Buch vom Lachen und Vergessen 868
Laederach: Nach Einfall der Dämmerung 814
Lem: Astronauten 441
– Der futurologische Kongreß 534
– Die Jagd 302
– Die Ratte im Labyrinth 806
– Die Untersuchung 435
– Memoiren, gefunden in der Badewanne 508
– Nacht und Schimmel 356
– Robotermärchen 856
– Sterntagebücher 459
– Waffensysteme des 21. Jahrhunderts 998
Lenz, Hermann: Andere Tage 461
– Der Kutscher und der Wappenmaler 934
– Der Tintenfisch in der Garage 620
– Die Begegnung 828
– Tagebuch vom Überleben 659
Leutenegger: Ninive 685
– Vorabend 642
Lexikon der phantastischen Literatur 880
Liebesgeschichten 847
Loerke: Die Gedichte 1049
Lovecraft: Cthulhu 29
– Berge des Wahnsinns 220
– Die Stadt ohne Namen 694
Majakowski: Her mit dem schönen Leben 766
Mayer: Außenseiter 736
– Georg Büchner und seine Zeit 58
Mayröcker. Ein Lesebuch 548
Mein Goethe 781
Meyer: Die Rückfahrt 578
– Ein Reisender in Sachen Umsturz 927
Miller: Drama des begabten Kindes 950
– Am Anfang war Erziehung 951
– Du sollst nicht merken 952
Mitscherlich: Toleranz – Überprüfung eines Begriffs 213
Molière: Drei Stücke 486
Mommsen: Goethe und 1001 Nacht 674
Moser: Gottesvergiftung 533
– Grammatik der Gefühle 897
– Lehrjahre auf der Couch 352
– Stufen der Nähe 978
Muschg: Albissers Grund 334
– Baiyun 902
– Fremdkörper 964
– Liebesgeschichten 164
– Noch ein Wunsch 735
Nachwehen. Verständigungstexte 855
Nizon: Im Hause enden die Geschichten. Untertauchen 431
Nossack: Der jüngere Bruder 133
– Nach dem letzten Aufstand 653
Onetti: Das kurze Leben 661
Oviedo (Hg.): Lateinamerika 810
Pedretti: Heiliger Sebastian 769
Penzoldts schönste Erzählungen 216
– Die Powenzbande 372
Phantastische Träume 954
Plenzdorf: Die Legende vom Glück ohne Ende 722
– Die Legende von Paul & Paula 173
– Die neuen Leiden des jungen W. 300
– Gutenachtgeschichte 958

2/4/6.84

Plank: Orwells 1984 969
Poe: Der Fall des Hauses Ascher 517
Proust: Briefe zum Leben, 2 Bde. 464
– Die Entflohene 918
– Die Gefangene 886
– Die Welt der Guermantes, 2 Bde. 754
– Im Schatten junger Mädchenblüte, 2 Bde. 702
– In Swanns Welt 644
– Sodom und Gomorra. 2 Bde. 822
Puig: Der Kuß der Spinnenfrau 869
Pütz: Peter Handke 854
Reinshagen: Das Frühlingsfest 637
– Sonntagskinder 759
Rochefort: Frühling für Anfänger 532
– Mein Mann hat immer recht 428
Rodriguez, Monegal (Hg.): Die Neue Welt 811
Rossanda: Einmischung 921
Rosei: Reise ohne Ende 875
Rottensteiner (Hg.): Blick vom anderen Ufer 359
– Die andere Zukunft 757
Rutschky (Hg.): Jahresbericht 1982 871
– Jahresbericht 1983 974
Sanzara: Das verlorene Kind 910
Schattschneider: Zeitstopp 819
Schleef: Gertrud 942
Schneider: Der Balkon 455
– Der Friede der Welt 1048
Schur: Sigmund Freud 778
Semprun: Die große Reise 744
– Was für ein schöner Sonntag 972
Shaw: Politik für jedermann 643
– Wegweiser für die intelligente Frau . . . 470
Soriano: Traurig, Einsam und Endgültig 928
Spectaculum 1-15 900
Sperr: Bayrische Trilogie 28
Steiner, George: Der Tod der Tragödie 662
Steiner, Jörg: Ein Messer für den ehrlichen Finder 583
– Schnee bis in die Niederungen 935
Sternberger: Panorama oder Ansichten vom 19. Jahrhundert 179
– Über den Tod 719
Stierlin: Delegation und Familie 831
Strawinsky 817
Strindberg: Ein Lesebuch für die niederen Stände 402
Struck: Die Mutter 489
– Trennung 613
Strugatzki: Die Schnecke am Hang 434
– Montag beginnt am Samstag 780
– Picknick am Wegesrand 670
Suzuki: Leben aus Zen 846
Szillard: Die Stimme der Delphine 703
Tendrjakow: Die Nacht nach der Entlassung 860
Unseld: Hermann Hesse – Eine Werkgeschichte 143
– Begegnungen mit Hermann Hesse 218
– Peter Suhrkamp 260
Unseld (Hg.): Wie, warum und zu welchem Ende wurde ich Literaturhistoriker? 60
– Bertolt Brechts Dreigroschenbuch 87

2/5/6.84

– Zur Aktualität Walter Benjamins 150
– Erste Lese-Erlebnisse 250
Vargas Llosa: Das grüne Haus 342
– Der Hauptmann und sein Frauenbataillon 959
Waggerl: Das Jahr des Herrn 836
Walser, Martin: Das Einhorn 159
– Das Schwanenhaus 800
– Der Sturz 322
– Die Anselm Kristlein Trilogie, 3 Bde. 684
– Ein fliehendes Pferd 600
– Gesammelte Stücke 6
– Halbzeit 94
– Jenseits der Liebe 525
– Seelenarbeit 901
Walser, Robert: Der Gehülfe 813
– Geschwister Tanner 917
– Jakob von Gunten 851
– Der »Räuber«-Roman 320
Warum lesen 946
Weber-Kellermann: Die deutsche Familie 185
Weiss, Peter: Das Duell 41
– Der andere Hölderlin. Materialien zu Weiss' »Hölderlin« 42
Weiß, Ernst: Der Aristokrat 792
– Der Verführer 796
– Die Erzählungen 798
– Die Kunst des Erzählens 799
– Franziska 785
– Ich – der Augenzeuge 797
– Männer in der Nacht 791
– Tiere in Ketten 787
Weisser: DIGIT 873
Winkler: Menschenkind 705
Zeemann: Einübung in Katastrophen 565
– Jungfrau und Reptil 776
ZEIT-Bibiliothek der 100 Bücher 645
Zulawski: Auf dem Silbermond 865
– Der Sieger 916
– Die alte Erde 968

2/6/6.84